# 지구적 발전의 길고도 느린 죽음

BOOK
JOURNALISM

# 지구적 발전의 길고도 느린 죽음

발행일 ; 제1판 제1쇄 2023년 10월 30일
지은이 ; 데이비드 옥스 · 헨리 윌리엄스  옮긴이 ; 전리오
발행인 · 편집인 ; 이연대  CCO ; 신아람  에디터 ; 김혜림
디자인 ; 권순문  지원 ; 유지혜  고문 ; 손현우
펴낸곳 ; ㈜스리체어스 _ 서울시 중구 한강대로 416 13층
전화 ; 02 396 6266  팩스 ; 070 8627 6266
이메일 ; hello@bookjournalism.com
홈페이지 ; www.bookjournalism.com
출판등록 ; 2014년 6월 25일 제300 2014 81호
ISBN ; 979 11 93453 05 6 03300

북저널리즘은 환경 피해를 줄이기 위해
폐지를 배합해 만든 재생 용지 그린라이트를 사용합니다.

BOOK
JOURNALISM

# 지구적 발전의
# 길고도 느린 죽음

데이비드 옥스 · 헨리 윌리엄스

: 만약 우리의 제안이 뭔가 공상적이며 "비현실적인" 것이라고 주장한다면, 그러니까 문제의 말미에 제멋대로의 희망을 덧붙여서 세계의 상황에 대한 암울한 평가를 만회하려고 시도하는 것이라고 말한다면, 아마도 이런 조언이 필요할 것이다. 지금 상황에 지극히 현실적인 관점만 취한다면, 메두사의 두 눈을 들여다보기만 한다면, 우리는 그저 돌로 변할 것이란 말이다.

## 차례

프롤로그　　　　　　　　신자유주의 이후
　　　　　　　　정치경제와 국가의 귀환

한국인들에게 '가난한 국가'란 대체로 도덕적 평가의 대상이다. 그곳의 사람들은 마땅히 도움의 손길을 베풀어야 하는 약자, 혹은 스스로 부와 성공을 일궈 나가지 못하는 나태하고 무능한 존재, 아니면 어떤 사악한 강대국의 '피해자'로 그려지곤 한다.《지구적 발전의 길고도 느린 죽음》은 그와는 다른 관점을 보여 준다. 국가들의 발전과 쇠퇴는 각국이 지구적 정치경제 질서에서 어디에 위치하는지에 따라, 또 그것들이 어떠한 발전 경로를 따랐느냐에 의해 도출된 역사적 결과물이다. 국가의 역량은 경제와 정치, 사회, 문화 등에 걸친 다양한 요소의 상호 작용을 통해 구성되며, 국가 발전의 경로를 재설정하기 위해서는 그러한 요소를 다시 배치하고 결합하는 노력이 필요하다.

글은 지난 수십 년간의 빈국·개도국의 발전 전망을 지배해 온 "엄청난 낙관주의"를 비판적으로 검토하는 데서 시작한다. 갖가지 건강 관련 지표의 개선과 극빈층의 현저한 감소로 빛나던 세계 발전의 순항은 코로나19 팬데믹에서 우크라이나 전쟁까지 갖가지 위기로 점철된 2020년대에 들어 발걸음을 멈췄다. 이는 그저 일시적인 비틀거림이 아니며, 지금까지의 세계 발전을 그려온 "승리의 서사" 자체를 재검토해야한다. 이를 위해서는 몇 가지 정량적 지표의 변화에만 초점을 맞추는 대신, 보다 "지리적이고 역사적이며 정치경제적인 접근법"이 필요하다. 핵심은 다음의 두 가지로 요약할 수 있다.

첫째, 빈국에서 부국으로의 국가적 발전을 가능케 하는 반복 가능한 유일한 전략은 고도의 산업화뿐이다. 둘째, 지난 수십 년간 제조업을 바탕으로 한 고도 산업화가 실현된 유일한 지역은 중국과 동아시아뿐이었으며, 다른 지역은 설령 소득 증가를 이뤘다고 해도 원자재 수출에 의존했을 뿐, 실질적으로 부국으로의 전환에 성공한 예가 없다. 즉 "동아시아의 산업화, 발전, 대규모 소득 증가가 거의 모든 다른 지역의 침체를 통계적으로 '보상'"했기에 정량 지표에서의 평균값만으로는 빈곤과 개발의 현황을 제대로 파악할 수 없다. 저자들은 부국으로의 발전 과정에서 제조업의 역할이 필수적임을 강조한다.

하지만 이 글이 더욱 관심을 기울이는 것은 '황금기'에서부터 본격적으로 다뤄지는 국가들, 즉 제조업 발달에 성공하지 못한 나라들의 경로다. 한창 성장 궤도에 있던 개도국들은 원자재 가격의 하락과 함께 극심한 경기 침체를 맞이했고, 개중에는 1980년대에서 2000년대까지의 기간 동안 "충격 요법"(신자유주의 경제 정책의 급작스러운 도입), 경제적 원시화, 그리고 내전 및 무력 충돌과 같은 파국적인 결과로 미끄러져 내려간 예도 적지 않았다. 특히 국가 발전주의의 상실은 치명적이었다. 국제기구의 (신)자유주의자들이 강요한 갖가지 "구조 조정"은 정부의 역량을 축소했으며, 그로 인해 국가들은 기초적인 기능조차 인도주의 단체와 원조 산업에 의존하게 되면서 자체적인 발전 역량을 축적할 기회를 얻지 못하고 있다.

브라질과 같은 일부 국가들은 중국의 도약으로 인해 수요가 증대한 원자재의 수출에서 새로운 탈출구를 찾았다. 그러나 이러한 원자재 수출형 경제 모델은 자체적인 산업 발전 역량의 확보로 이어지지 못했다. 다수의 저숙련 노동자를 흡수할 수 있는 제조업과 달리, 원자재 수출형 모델은 탈산업화·탈농업화와 맞닥트린 개도국의 고용 시장을 구원할 수 없었다. 슬럼화된 대도시는 저숙련 비정규직 서비스 노동자들로 가득 찼으며, 대규모 불완전 고용 상태는 다시 "금융화"와 맞물려 저소득층의 부채 비율을 끌어올렸다. 거대한 잉여 노동은 경제적인 차원을 넘어 정치적·사회적 측면에서도 심각한 문제를 초래한다. 만성화된 실업 상태는 범죄·폭력 조직·반군과 같이 정부의 통치 능력을 약화하는 집단으로 이어진다. 상대적으로 부유한 다른 국가로의 이주 역시 중요한 선택지로, 1980년대 이래 국제 이민자의 규모는 빠른 속도로 증가 중이다.

이와 같은 지구적 스케치를 바탕으로 저자들은 빈국의 발전 가능성을 본격적으로 검토한다. 동아시아 국가들이 성공했듯, 오늘날의 빈국들 또한 뒤늦게나마 산업화의 길을 밟을 수 있지 않을까? 두 가지 난점이 있다. 첫째, 과거와 달리 지구적 경쟁은 심화했고, 성장 둔화·인구 구조 변화와 맞물려 (선진 사회의) 소비 수요는 감소했으며, 결정적으로 제조업의 고용 흡수율을 하락시키는 자동화가 본격화하고 있다. 둘째, 현재의 빈국들은 20세기 후반 동아시아 국가들이 보유했던 높은 국가 역량을 결여하고 있다. 후자의 경우 전통적 지배 세력인 지주층이 무력화된 상황에서, 국가는 폭력을 독점했고, 엘리트 집단은 국가와 기업 사이를 조율했으며, 건강하고 교육받은 노동력도 풍부했다. 반면 신흥 개도국들은 고숙련 하이테크 제조업으로의 전환을 위해 지금까지의 발전주의 정치 연합을 넘어서거나, 아니면 지대 추구에만 골몰하는 엘리트 계층, 혹은 애초에 국가적 발전에 무관심하거나 이를 추진할 유인이 없는 집단의 강고한 지배에 도전해야 하는 난제가 있다.

그렇다면 미래의 위기를 돌파할 방법은 무엇인가? 저자들은 무엇보다도 "자유, 무역, 민주화, '포용적 제도'(…) 등, 지난 수십 년의 진부한 정통 교리"를 되풀이하는 대신 "새로운 발전주의"의 패러다임이 필요하다고 말한다. 그 패러다임의 핵심은 일종의 '근대 국가 재건설' 과정이라 할 수 있다. 마지막에서 세 번째 문단이 이를 집약하는데, 그에 따르면 기존의 비非발전적 지배층을 "발전 지향적인 엘리트로 구성된 새로운 동맹"으로 대체하고, 토지 개혁·농업 현대화를 통해 식량의 자급을 확보하며, 폭력은 다시금 국가의 독점물이 된다. 교통 인프라를 개선하며, 행정 역량을 제고하고, 대규모의 강건한 노동력을 공급할 수 있도록 교육과 보건 체제를 구축한다. 저자들은 이러한 근대화 프로그램이 한편으로 서방에서 온 기존의 "개발 전문가"를 단호히 배척해야 한다고 주장하면서도 동시에 그것이 개별 국가의 노력만으로 성취될 수 있는 것은 아님을 인정한다. 궁극적으로 저자들은 부국과 빈국 모두를 아우르는 새로운 국제적 "엘리트 연합"이 다시 필요하며, 필요하다면 "글로벌 경제 거버넌스의 대대적인 재편성"도 시도해야 한다고 말한다. 이러한 "구조적 개혁"이 놀랄만큼 발본적이고 비현실적으로 들릴 수도 있겠으나, 지금까지의 "지극히 현실적인" 접근법에 머무른다면 무엇도 바뀔수 없을 것이다.

《지구적 발전의 길고도 느린 죽음》은 지난 수년간 미국의 정치경제적 담론이 변화하는 양상을 잘 드러내는 글이기도 하다. 분기점은 역시 트럼프 정권으로, 이는 북미의 지식인들이 자국과 국제 질서를 바라보는 관점을 송두리째 뒤바꾸는 계기가 되었다. "러스트 벨트"로 대표되는 전통적인 노동자 계급의 몰락이 부각되고, 시진핑 집권 이래 중국의 도전적인 행보가 무시할 수 없게 되면서 오바마 정권까지의 (신)자유주의적 통치와 "스마트 경제"는 지속할 수 없다는 평가가 힘을 얻은 것이다. 네오콘의 영향력이 퇴조하면서 공화당에서는 '중국제조 2025'를 겨냥해 마르코 루비오 상원의원이 주도한 보고서를 비롯해 정부와 시장, 산업의 관계를 재설정해야 한다는 목소리가 점차 주류를 차지하게 되었다. 결정타는 2022년 바이든 정권의 등장이었다. "바이드노믹스"에 대한 반감과 별개로, 대규모 정부 지출이 정권의 입장이 되면서 친민주당 지식인들 또한 마찬가지의 노선에 합류하기 시작한 것이다. 요컨대 이제 신자유주의의 시대는 끝났다.

이른바 '신자유주의 이후' 시대의 미국 담론은 어떻게 이해할 수 있는가? 그 핵심에는 국가·정부의 역할이 있다. 과거 좌파의 신자유주의 비판론에서도 국가의 역할이 강조됐으나, 이는 주로 정부가 시장을 보완·견제하는 복지 국가 담론의 연장선이라 할 수 있었다. 반면 새로운 담론은 정부를 국제적 정치경제 경쟁에서 자국의 생존 및 우월적 지위를 확보하고자 노력하는 전략적 행위자로 간주한다. 국가가 시장과 기업을 방관하느냐, 통제하느냐의 대립은 낡고 무용한 도식이다. 시장과 기업은 국가의 발전과 번영이라는 더 큰 범주의 세부 요소가 되며, 그것들의 효율적인 작동을 위해 적극적으로 개입하고 환경을 조성하는 활동이 정부의 핵심적인 책무다. 이때 국가의 전략적 이해관계라는 차원에서 모든 산업·기업이 동등한 가치를 부여받지는 않는다. 대표적으로 반도체와 에너지 전환 관련 산업 등의 첨단 제조업에는 특권적인 중요성이 부여된다. 특히 중국과의 경쟁을 강하게 의식하는 논자들은 지난 수십 년 동안 미국의 신자유주의적 무역 정책이 사실상 미국의 첨단 제조업 역량을 무너트렸다고 비판하며, 미국이 해당 산업의 인력과 기업을 자국의 영향권에 두고 나아가 직접 그러한 역량을 육성할 필요가 있다고 주장한다.

특정한 산업을 진흥하고, 이를 위한 기반 시설을 설치하며, 인력과 자본, 자재의 공급망을 확보하고, 국내외 규제를 조정하는 등의 복잡하고 섬세한 과업은 가장 효율적인 정부 조직에도 결코 만만한 일이 아니다. 그렇다면 국가·정부의 능력을 어떻게 규정하고, 또 어떻게 끌어올릴 것인가? 이는 단순히 인력·예산의 규모와 관련 부처의 권한을 확대하는 것으로만 갈음할 수 없다. 환경의 '설계'는 그에 필요한 기획력과 지식을 전제한다. 반드시 전문적 의사 결정의 영역이 아니라 해도, 고급 인력의 인건비 부담을 무시할 수 없는 상황에서 정부의 역량을 어떤 식으로 제고할 수 있을지는 앞으로도 중요한 문제로 남아있을 것이다.

《지구적 발전의 길고도 느린 죽음》은 과거 수십 년간의 신자유주의적 사고방식을 강력히 비판하고, 중국과 동아시아의 부상에 주목하며, 무엇보다 국가 발전과 제조업의 긴밀한

관계, 그리고 국가의 능력을 육성할 필요성을 강조하는 등 상당 부분 위의 담론적 변화와 공명하고 있다. 이 글을 출발점으로 한국의 독자들이 북미의 담론장에서 전개되고 있는 논의를 깊이 있게 파악하고, 한국의 과거와 미래를 지구적-역사적으로 바라보는 시선에 점차 익숙해지기를 기대해 본다.[1]

이우창 한국방송통신대학교 문화교양학과 조교수

# 1 지구적 발전의 동력

## 낙관론을 뒤흔드는 2020년대

21세기의 첫 20년은 가난한 세계가 그릴 궤적에 대해 엄청난 낙관주의가 펼쳐지는 시기였다. 만약 당신이 그 당시를 부유한 세계의 뉴스 소비자로서 보냈다면, 그 당시에도 위기와 쇠퇴, 사회 질서의 붕괴에 대한 수많은 이야기가 있었다는 걸 파악하기 어려웠을지도 모른다. 이런 암울한 상황에도 불구하고, 인류 대부분은, 다시 말해서 북미 영어권, 유럽, 일본, 그리고 몇몇 부유한 지역의 소도시에 사는 인류의 90퍼센트 이상은 부정할 수 없는 활기찬 발전을 경험하는 것처럼 보였다.

'복스Vox'의 표현에 의하면 세계는 "훨씬 더 나아지고 있었다." 이 지점을 상기시키기 위해 낙관적인 분위기의 책과 글이 수없이 쏟아져 나왔다. 세계는 상당히 빠르게 발전하고 있었다. 건강과 관련한 수치들이 개선됐다. 아이들과 성인 모두에게서 사망률이 줄었다. 문해력이 확산하고 있었다. 그리고 무엇보다도 가장 중요한 것으로, 특히 세계은행이 정의한 "극빈층", 즉 하루 2.15달러 미만을 버는 가난한 이들이 빠르게 줄어들고 있었다. 진전은 꾸준히 이뤄지고 있었다. 빌 게이츠Bill Gates, 하버드대학교의 스티븐 핑커Steven Pinker 교수, 그리고 전직《뉴욕타임스》의 칼럼니스트였던 니콜라스 크리스토프Nicholas Kristof는 모두 한 번쯤 이러한 전망의 저명한 신봉자들이었다. 크리스토프는 매년 12월 말이 되면 직전의 한 해를

"역대 최고의 해"로 선언하는 일종의 관습을 만들어 냈다.

물론 문제는 있었다. 2017년 크리스토프는 이렇게 말했다. "예멘과 시리아에서의 전쟁, 미얀마의 잔학 행위, 그리고 미쳐가는 것 같은 대통령", 그리고 물질적 고통은 여전히 압도적인 인류가 경험하는 현실이라고 말이다. 그러나 폴 매카트니Paul McCartney가 언젠가 말했듯이, 상황은 정말로 "언제나 훨씬 더 나아지고getting so much better all the time" 있었다. 모든 것의 의미는 분명했다. 모두가 나름대로 어떻게든 세계 경제의 구조를 비판했지만, 분명히 무언가는 작동하고 있었다. 어찌됐든, 그래프는 바람직한 방향으로 올라가고 있었다.

그러나 21세기의 세 번째 10년대인 현재, 세계의 발전을 바라보던 지배적인 관점이 이제는 일관성을 상실한 것처럼 보인다. 팬데믹, 공급망 비상사태, 농업 기근, 우크라이나 전쟁, 글로벌 인플레이션 및 에너지 쇼크의 출현, 서방의 통화 긴축, 글로벌 경기 침체의 망령 등. 이 모든 일이 2000년대와 2010년대의 낙관론을 뒤흔들고 있다. 부실한 재정 상태는 수많은 가난한 정부에게 실제로 발생할 수 있는 가능성이 되었고, 수년간 증가했던 소득은 사라졌다. 2022년 10월, 세계은행은 극빈층이 줄어들던 진전이 멈췄으며, 향후 몇 년의 예후도 불확실하다고 발표했다. 세계은행의 총재는 지난 2년의 사건들로 인해 "발전이 위기에 내던져졌다"고 말했다.

그러나 사실 한창 호화롭던 시절에도 지구적 발전에 대한 승리의 서사는 이미 현실과는 다소 불확실한 관계를 맺고 있었다. 오해의 상당수는 통계적인 문제에서 비롯했다. 인플레이션과 구매력 평가 지수(PPP) 계산에 (특히 도시와 시골의 물가 차이에 있어서) 문제가 있었는데, 이것이 전 세계의 빈곤층을 현저하게 적게 추산하는 역할을 했다. 다른 문제들은 조금 더 주관적이다. 많은 사람이 (극빈층의 기준이 되는) 2017년의 구매력 평가 지수 기준으로 하루 2.15달러라는 기준을 비판해 왔다. 이는 말리나 아프가니스탄과 같은 가장 빈곤한 국가에서 누가 가장 가난한 사람인지를 판단하기 위해 설계된 기준이다. 그러나 앙골라나 파키스탄처럼 그들보다 아주 조금 잘 사는 나라의 사정과는 맞지 않다. 이런 나라들에서는 2.15달러라는 수치가 생계를 유지하거나 정상적인 건강 상태를 유지하기에는 너무 낮은 수준이었다. 즉 2.15달러는 실질적인 빈곤 탈출에 대해 어떠한 유의미한 것도 측정하지 못하는 기준이었다.

다른 사람들도 지적하듯, 확실히 이러한 통계적 이슈들은 중요하다. 그러나 우리는 이 글에서 지구의 발전에 관해 더욱 의욕적인 비판을 제공하고자 한다. 우리는 경제 발전이 이뤄지지 않는 이유, 혹은 통계적 결함을 이유로 세계의 빈곤이 감소했다는 진전을 무시해야 한다는 비관론적 주장을 펼치려는 것이 아니다. 오히려 우리는 가난한 세계에 대한 예후가 일반적인 생각보다 훨씬 더 나쁜 이유를 보여 주고자 한다. 일반적인 평가들은 제아무리 엄격하다 하더라도 순전히 정량적인 설명에만 몰두하고 있으며, 지리적이고 역사적이며 정치경제적인 접근법들은 무시하고 있다. 우리는 세계 발전의 뒤틀린 궤적을 뒷받침하는 구조적인 변화를 설명할 것이다. 그리고 실질적인 발전으로 복귀하기 위한 새로운 프레임 워크, 그와 결합된 더욱 현실적인 전망을 개략적으로 제시할 것이다.[2]

문제의 핵심은 이것이다. 경제 발전의 대안적인 모델을 찾으려는 시도에도 불구하고, 경제가 고도로 산업화하지 않는 한, 국가를 발전시킬 수 있는, 즉 빈곤국에서 부국으로 전환할 수 있는 반복 가능한 전략이 없다. 최근 수십 년 동안, 제조업의 성장과 그로 인한 더욱 폭넓은 경제 발전의 성장세가 압도적으로 동아시아에 쏠렸는데, 그중에서도 특히 중국에 집중됐다. 라틴 아메리카, 남아시아, 중동, 사하라 사막 이남의 아프리카 등 가난한 세계에 존재하는 나라 대부분의 경제는 불안정한 궤적을 경험해 왔다. 이들 지역에서는 탈농업화deagrarianization와 탈산업화deindustrialization가 동시에 벌어졌는데, 특히 1980년 이후에 이런 추세가 두드러졌다.

그 결과는 동아시아의 산업화, 발전, 대규모 소득 증가가 거의 모든 다른 지역의 침체를 통계적으로 "보상compensate"

하는 것이었다. 즉, 동아시아의 산업화는 다른 나라들의 제조업 기반 손실에 일부 책임이 있다. 예를 들자면, 심지어 가난한 세계의 대부분에서 소득이 증가했음에도 불구하고, 이는 주로 중국 시장에서의 폭발적인 수요 증가에 힘입은 2000~2015년 사이의 '원자재 슈퍼 사이클commodity supercycle'에 의한 것이었다. 그리고 역설적이게도 이는 신흥 시장들을 낮은 기술력과 획일화된 수출품에 의존하게 만드는 데 일조했다. 요컨대, 아시아의 성공은 세계의 나머지 지역에 드리운 암울한 상황을 가려 버렸다.

　　대부분의 신흥 시장들은 제조업과 견줄 만한 지속적인 성장 동력을 찾지 못했다. 대부분이 최근 수십 년 동안 성장한 것은 사실이지만, 그들은 서비스업과 상품 수출에 의존했다. 이러한 일은 그들을 부유하게 만들어 주지 못했다. 따라서 대부분의 "개발 도상developing" 국가들은 (참고로 우리는 이런 완곡한 표현에 회의적이다.) 수십 년 전보다 좋지 않은 구조적 여건에 처해 있다. 경제적으로는 덜 복잡하지만, 사회적으로는 더욱 불안정한 상황이다. 설령 그들에게 발전 연합developmental coalition이 존재했다 하더라도 그것은 심하게 닳아 없어진 상태다. 가끔씩 보이는 "떠오르는 인도"나 "떠오르는 아프리카"라는 모든 과대광고에도 불구하고, 탈산업화, 생태적 파괴, 인구의 역전 등의 구조적인 역학 관계는 다가오는 수십 년 동안 경제 발전에 심각한 어려움을 야기할 것이다. 이 지역에서는 새로운 산업화와 의미 있는 발전의 물결이 일어나지는 않을 것 같다. 빈곤 통계의 관점에서 보자면, 아프리카가 특히 중요하다. 아프리카는 지난 수십 년 동안 최악의 경제적 성과를 보였다. 그럼에도 다음 세기에는 가장 현저하게 인구가 증가할 것이다. 극적인 변화가 일어나지 않는 한, 그 결과는 지난 40년 동안 빈곤에 맞서 이뤄왔던 진보가 서서히 느려지거나 정체되고, 심지어 역전되는 그런 세상일 것이다.

## 제조업의 경로

우리는 떠오르는 신흥 시장의 발전에 대해 비교적 비관적으로 평가한다. 경제 발전에 있어 제조업이 수행하는 근본적인 역할에 관한 판단 때문이다. 다양한 발전 이론들을 관통하는 중심적 특징은 농업 위주의 경제를 산업 성장으로 전환하는 것이었다. 마르크스의 사회 발전 도식은 제조업을 산업 노동 계급의 부상을 위한 필수적인 전제 조건으로 바라봤다. 마르크스는 (《공산당 선언》에서) 산업화가 "모든 민족, 심지어 가장 야만적인 민족까지도 문명화한다"고 썼다. 근대화 이론가인 월트 로스토Walt Rostow가 《경제 성장의 단계The Stages of Economic Growth》라는 책에서 설명하는 "근대화 이론"은 미국의 지지를 받았는데, 이 이론은 산업화의 "출발"을 경제 발전의 여러 국면 가운데에서도 가장 결정적인 순간으로 평가했다. 역설적이게도 그가 이런 주장을 펼친 책의 부제는 '비공산당 선언Non-Communist Manifesto'이었다. 니콜라스 칼도어Nicholas Kaldor와 라울 프레비시Raúl Prebisch의 연구는 지난 세기 중반에 개발도상국에서 커다란 유명세를 누렸는데, 그들 역시 산업 지향적인 국가 발전주의를 강조했다.[3]

제조업이 특별한 이유는 무엇일까? 칼도어와 그 이후의 발전 경제학자인 대니 로드릭Dani Rodrik은 제조업 분야가 어떻게 성장을 견인하는지를 설명하는 일련의 "양식화된 사실들stylized facts"을 제시했다. 그중에서 특히 세 가지의 요인을 주목할 만하다. 첫째, 제조업은 다른 부문에는 없는 생산성의 역학을 갖고 있다. 농업이나 서비스업과 달리 정규적인 형태의 제조업은 노동력 단위unit of labor가 증가할 때마다 수익이 늘어나며, 부유한 국가와 가난한 국가 사이의 노동 생산성이 "무조건적으로 수렴unconditional convergence"하는 특성을 보여 준다. 둘째, 서비스업의 확장에는 자체적인 한계가 있고, (농업과 같은) 1차 상품의 확장에는 생태적인 요인이 자연스레 제약을 가한다. 반면, 공산품은 거래 가능성tradability을 갖고 있기 때문에 제조업이 성장하는 데는 그러한 필연적인 제약이 없다. 셋째, 제조업은 상대적으로 비숙련 노동을 포함한 많은 양의 노동력을 높은 생산성의 업무에 흡수할 수 있다. 이는 서비스업과 농업에서는 어려운 일이고, 금융 및 광업과 같이 생산성이 높은 다른 부문에서도 결코 해낼 수 없었던 일이다.[4]

산업화가 발전의 핵심이라는 사실에 대한 훨씬 더 커다란 증거는 이미 성공적으로 발전한 국가의 역사적인 경험에서 찾을 수 있다. 고용과 GDP 모두에서 제조업이 큰 비중을 차지하지 않는다면, 빈국에서 부국으로 발전한 경제는 거의 없다. 고소득 수준을 달성한 국가들의 약 95퍼센트가 제조업 집중도가 높은 기간을 거쳤다. 고소득 국가의 역사적 궤적을 조사한 어느 연구는 다음과 같은 사실을 발견했다. "제조업 부문이 전체 고용의 18~20퍼센트를 달성하는 것은 (…) 고소득 국가로 성장하는 데 절대적으로 필요한 요소다."[5] 세계은행의 수석 경제학자였던 린이푸林毅夫는 다음과 같은 결정적인 결론을 제시한다. "몇몇 석유 수출국을 제외하면, 어떤 나라도 산업화 없이 먼저 부유해진 경우는 없었다." 그러니 노르웨이나 사우디아라비아를 비롯한 페르시아만의 독재 국가들과 같은 석유 수출국들은 매우 예외적인 사례였다. 자원을 통해 발전하는 경로는 노르웨이와 같은 승리보다는 오히려 (이라크, 모잠비크, 콩고와 같은) 실패 사례가 훨씬 더 많고, 아니면 가봉이나 보츠와나와 같은 그저 그런 성공 스토리가 더 흔하다. 전 세계 대부분의 국가에서 제조업을 거치지 않고 발전할 수 있는 진정한 길은 없다.

## 덩샤오핑의 세계

그에 따라 지난 50년 동안 세계에서 산업화가 가장 많이 이뤄진 지역은 동아시아였다. 동아시아는 세계의 경제 발전에 가장 크게 기여한 곳이기도 하다. 21세기의 "글로벌" 빈곤 감소에 대한 수많은 낙관론이 있었지만, 사실 중국이라는 단 하나의 원동력에서 수많은 발전이 이뤄진 것은 놀라울 따름이다. 1980년 이후 수십 년 동안 전 세계에서 발생한 실질적인 경제 발전과 빈곤 감소에는 한국과 대만, 싱가포르, 홍콩과 같이 작은 동아시아 국가의 몫이 컸다.

1970년대의 누군가가 미래를 내다본다면 다른 곳도 아닌 중국이 이러한 세계 경제 발전의 중심이라는 점이 이상하게 보였을 것이다. 인도, 브라질, 인도네시아, 러시아와 비교했을 때 중국은 선진적이고 복잡하며 기술적으로 발전된 경제 대열에 합류할 가능성이 희박했기 때문이다. 그들의 정치적 지도력은 엄청나게 자멸적이었다. 중국은 시골 지역을 신속하게 산업화하기 위해 무모한 시도[6]를 벌였는데, 이는 수천만 명의 목숨을 앗아간 기근을 낳았다. 아마 단일 사건으로는 2차 세계 대전 이후 벌어진 최악의 인재人災일 것이다. 그들의 광신적인 이데올로기 정화 프로젝트[7]는 몇 년 동안이나 국민들의 삶을 마비시키면서 거대한 인구 집단에게 트라우마를 가했다. 또한, 중국은 급진적 마오이스트Maoist를 지지하고자 가장 실용적이며 유능한 엘리트들을 소외시켰다. 틀림없이 1980년대의 중국은 1950년대보다 훨씬 더 건강해졌고 더욱 평등해졌으며 교육 수준도 높아졌다. 그리고 마오주의 정책 덕분에 중국은 소득 수준에 비해 상당히 발전했다. 마오쩌둥은 여성들에게 법률적으로 동등한 권리를 부여했고, 미움받는 시골의 지주 계층과 같은 전통적인 지대 추구 세력rentier을 제거했다. 1980년의 중국의 기대 수명은 당시 중국보다 1인당 GDP가 약 다섯 배나 높은 멕시코와 같았다. 그러나 중국은 어느 측면으로 봐도 매우 가난한 나라였다.[8] 인구 1인당 GDP는 세계 최저 수준으로 카메룬과 비슷했으며, 아이티, 레소토, 짐바브웨보다도 낮았다.[9] 중국은 세계에서 가장 인구가 많은 나라였지만, 전체적인 경제 규모는 스페인이나 오스트레일리아보다도 작았다. 세계은행의 지표에 의하면 당시 중국 인구의 압도적인 대다수가 '극빈층'으로 분류되는 수준이었다.[10]

이처럼 허름한 상태로 시작한 중국은 덩샤오핑의 집권 초기부터 인류 역사상 가장 의미심장한 경제 성장 시기를 기록했다. 중국이 이룬 제조업의 기적은 유럽이나 북미가 이룬 산업화의 규모에 비할 수 없을 정도였다. 중국의 성장 기적은 너무나 갑작스럽고도 놀라웠는데, 그들의 1인당 GDP는 1981년부터 2018년 사이에 여섯 배 성장했다. 덕분에 중국은 중진국으로의 지위를 확고하게 다질 수 있었다. 같은 기간 동안 1인당 GDP가 이처럼 크게 늘어 난 기록은 오직 몽골과 적도 기니뿐이었는데, 이들은 모두 자원에만 전적으로 의존하고 있었다. 물론 1984년부터 2007년 사이에 있었던 중국의 가장 인상적인 성장기는 현저하게 불평등했다. 앨버트 허쉬만Albert O. Hirschman이 예견했듯 말이다. 거의 모든 사람이 부유해졌지만, 막대한 양의 부가 최상층에 집중됐다.[11] 그러나 2010년대 들어 성장이 둔화하자, 중국은 재분배와 빈곤 감소 캠페인을 설계할 수 있었다. 덕분에 불평등은 감소했고 이익은 더욱 평등하게 공유됐으며 "극빈층"은 실질적으로 사라졌다. 1981년에는 중국 인구의 99.93퍼센트가 하루에 5달러 미만을 벌었다. 2008년에는 약 55퍼센트, 2019년에는 12퍼센트 미만으로 그 수치가 감소했다. 이렇게 40년 동안 극빈층의 임계 소득인 하루 2.15달러 미만을 버는 인구의 비율은 92퍼센트에서 불과 0.14퍼센트로 감소했다.[12]

글로벌 빈곤의 감소에 중국이 크게 기여했다는 것은 두말할 것도 없다. 중국의 소득 증가는 1981년 이후 "극빈층" 지표의 전체 감소분에서 약 45퍼센트에 기여했다. 더 높은 소득 수준, 그러니까 실질적인 중산층으로 진입할 수 있는 소득 수준에서는 중국의 기여도가 훨씬 더 강력하다. 하루 5달러의 소득 수준에서, 중국은 소득 증가의 거의 60퍼센트를 차지

한다. 중상위 소득 국가의 빈곤 기준선보다 몇 달러 높지만, 연간 소득이 3650달러에 불과한 하루 10달러의 소득 수준의 경우, 중국은 1981년 이후 전 세계의 빈곤 감소에서 무려 70 퍼센트를 차지하고 있다.[13]

이러한 성장세는 지구상의 그 어떤 나라보다도 훨씬 더 인상적이었는데, 이는 이러한 발전에 대하여 찬사를 받는 당사자들에게도 마찬가지였다. 중위 소득 통계는 중국의 빈곤 감소가 얼마나 인상적이었는지를 잘 설명해 준다. 1981년에 중국 시골 인구의 중위 소득은 월 27달러에 불과했으며, 도시에서는 월 54달러였다. 2019년이 되면 중국의 월 중위 소득은 시골에서 243달러로 그리고 도시에서는 400달러로 증가하면서 각각 아홉 배와 일곱 배 상승했다. 다른 "개발도상" 국가들에서는 소득 증가가 훨씬 더 미미했다. 인도를 살펴보자. 1983년부터 2019년까지 인도 시골 지역의 중위 소득은 두 배 증가했고 도시의 중위 소득은 80퍼센트 상승했다. 긍정적인 추세이긴 하지만 중국에 비하면 훨씬 뒤떨어지는 수준이다. 농촌과 도시를 구분하지는 않는 수치지만 방글라데시의 중위 소득은 1983년부터 2016년까지 겨우 45퍼센트 증가했다. 페루의 중위 소득은 1985년부터 2019년까지 겨우 15퍼센트 증가했지만, 코로나19 팬데믹을 거치며 오히려 1985년 수준 이하로 떨어졌다. 케냐, 아르헨티나, 코트디부아르와 같은 일부 국가들에서는 세계은행의 집계가 시작된 이후로 중위 소득이 감소해 왔다.[14] 중위 소득이 진정으로 강력한 성장세를 보이는 긍정적인 이단아들은 동남아시아에서 발견할 수 있는데, 특히 베트남과 인도네시아가 대표적이다. 베트남의 성장세는 그들의 제조업의 기적 덕분에 특히 강력하며 중국의 성장률에 다가가고 있다. 그러나 이러한 사례들도 중국에서 목격했던 것에 비하면 미약한 수준이다.

2000~2015년에 있었던 원자재 호황과 이 호황이 간접적으로는 중국 성장의 결과임을 고려한다면, 중국 이외의 가난한 세계에서의 소득 증가는 여전히 미약해 보인다. 당시의 뜨거운 원자재 시장 덕분에 라틴 아메리카와 동남아시아, 그리고 일부 아프리카 국가들은 소득을 늘리고 빈곤을 줄일 수 있었다. 그러나 그러한 소득 증가는 중국 성장의 부수적인 효과에 의존한 것이었기 때문에 더욱 우려스러운 추세를 가리고 있었다. 바로 이들 국가가 가진 발전의 잠재력이 구조적으로 약화하고 있다는 사실이다. 오늘날은 과거에 비해 소득은 더 높고, 빈곤은 더 낮다. 그러나 수십 년 전과는 달리 중국에서 목격했던 큰 도약의 발전은 현재의 가난한 국가들이 도달할 수 없는 수준이다.

## 30년의 황금기

그렇다면 대체 왜 지난 수십 년 동안 세계 대부분 국가의 구조적인 경제적 입지가 악화했을까? 이를 설명하기 위해서 우리는 계몽적인 세계은행 통계를 뒤로하고, 동아시아권이 아닌 빈곤한 세계의 역사를 들여다보고, 전후 시기 이들 지역의 궤도를 더욱 나쁜 방향으로 바꾼 세계 경제의 변화를 바라보는 총체적인 접근 방식을 받아들여야 한다.

돌이켜 보면, 역설적이게도 빈곤과 기아를 비롯한 다양한 불행의 척도가 지금보다 훨씬 높았던 1950년대부터 1980년대까지를 세계 경제 발전의 황금기라고 할 수 있다. 자본주의 서방은 '영광의 30년trente glorieuses'을 경험했고, 소비에트 블록은 상대적인 평화와 소비자 잉여consumer surplus를 즐기고 있었다. 당시 세계 경제는 전무후무한 강도와 기간의 경제 호황을 누렸다. 가난한 세계의 국가에 있어서 이는 마치 원자재 슈퍼 사이클의 상승세에 따른 급속한 산업 확장과 함께 맹렬히 성장하던 시기가 30년이나 지속한 것과 같았다. 브레턴 우즈Bretton Woods 모델을 기반으로 구축된 국제 금융 체제는 자본 이동성에 제한을 뒀고, 금융의 안정성을 어느 정도 허용하면서 신흥 시장들이 공격적인 경제 발전 전략을 추진하는 데 도움을 줬다. 당시만 하더라도 요즘처럼 호황과 불황이 흔하게 반복되는 역학 관계는 없었다. 현재는 그 당시의 낙관론을 떠올

리기가 어렵다. 대니 로드릭이 쓴 것처럼, 1945년부터 1975년 사이에는 브라질, 에콰도르, 멕시코, 이란, 파키스탄, 튀니지, 코트디부아르, 케냐 등 수많은 개발 도상국의 연평균 성장률이 1인당 2.5퍼센트를 넘어섰는데, 이는 대략 30년마다 소득이 두 배로 증가하는 걸 의미한다.[15] 당시에는 낙관적이고 국가 중심적인 국가 발전주의가 유행했는데, 이를 대표하는 카리스마적인 지도자로는 인도네시아의 수카르노Sukarno, 이집트의 나세르Nasser, 가나의 은크루마Nkrumah, 인도의 네루Nehru가 있다. 그들은 서방의 미학과 전망을 제3세계의 열망과 결합하여 단지 서방을 따라잡는 것만이 아니라 많은 면에서 그들을 뛰어넘고자 했다.

브라질이나 멕시코처럼 상대적으로 부유한 빈곤국의 성장세는 매우 강력해서 유럽 및 미국과 급속히 수렴하는 궤도에 놓일 정도였다. 만약 브라질의 1인당 GDP가 1970~1975년의 평균 수준으로 25년 이상 지속했다면, 그들은 2000년에 프랑스와 영국보다도 부유한 나라가 됐을 것이다.[16] 진보와 성장의 걷잡을 수 없는 행진이 너무나도 명백했기에 모든 것이 계획대로 진행될 것처럼 보였다. 이러한 강력한 성과 덕분에 월트 로스토는 그 자신이 1960년에 존 F. 케네디에게 그랬던 것처럼 아르헨티나, 브라질, 콜롬비아, 베네수엘라, 인도, 필리핀, 대만, 튀르키예, 그리스와 같은 나라들이 "1970년이 되면 자급 자족적인 성장을 이룰 것"이며 이집트, 이란, 이라크, 파키스탄도 그 대열에 합류할 "가능성이 있다"고 전망했다.[17] 거의 모든 것이 가능해 보였다.

제3세계의 좀 더 가난한 나라들도 이러한 발전의 황금기에는 놀라운 야심을 가지고 있었다. 콩고민주공화국(당시자이르), 리비아, 잠비아와 같은 지역은 그들이 보유한 천연자원에 대한 수요 덕분에 급속히 성장하고 있었다. 그들은 신속한 근대화 추격에 전념했고, 거기서 거두는 수익금을 모부투Mobutu의 트리코TRICO 원자로나 가다피Gaddafi의 리비아 대수로Great Manmade River와 같은 새로운 인프라에 투자했다. 코트디부아르는 지금은 잊혔지만, 한때 "코트디부아르의 기적"이라불리며 경제 발전의 모범 사례로 여겨졌다. 커피, 면화, 코코아와 같은 농산물의 높은 가격은 강력한 경제 성장을 이끌었는데, 코트디부아르는 1960년대에 연평균 9퍼센트, 그리고 1970년부터 1975년 사이에는 연간 7퍼센트의 성장률을 기록했다. 어느 연구에서 언급하고 있듯이, 이 덕분에 "코트디부아르는 브라질, 한국, 인도네시아와 함께 '발전의 기적'이라는 명성을 얻었다."[18] 이러한 "발전의 기적"을 바라보는 서방측은 어찌나 낙관적이었는지, (미국의) 린든 존슨 대통령은 1967년에 백악관에서 코트디부아르의 펠릭스 우푸에부아니Félix Houphouët-Boigny 대통령에게 찬사를 보내며 이렇게 선언

했다. "개발도상국들이 정말 망했다고 말하는 사람들에게, 그리고 카산드라Cassandra[19]들에게, 우리는 매우 간단한 답을 갖고 있습니다. 대통령 각하, 우리는 그들에게 이렇게 말합니다. 코트디부아르를 보라고 말이죠."[20]

## 우리 뒤에 홍수가 오건 말건[21]

(아이스킬로스의) 《오레스테이아》를 읽은 사람들이라면 기억할 것이다. 결국, 운명이 옳다고 증명된 이는 그녀를 의심하던 이들이 아닌 카산드라였던 사실을 말이다. 실제로 엄청난 발전의 기간은 글로벌 경제의 흐름을 관리하는 어떤 시스템에 의존하고 있었는데, 1970년대가 되자 그 시스템이 심각한 지장을 받게 된다. 첫 번째는 1971~1972년에 브레턴 우즈 체제가 사실상 붕괴한 것이었다. 그다음은 1973년과 1979년의 에너지 위기였는데, 이는 1970년대 "거대 인플레이션"의 원인이 됐지만, 가난한 나라들에서는 그 영향이 고르지 않았다 (물론 석유를 수출하는 나라들은 심각하게 타격을 받지 않았다). 그리고 서방은 장기간의 경기 침체를 경험하면서 1970년대를 보냈다. 1979~1981년에는 소위 볼커 쇼크Volcker shock라고 이르는 미국 연방준비제도FB의 대폭 금리 인상이 있었고, 이로 인해 마침내 인플레이션이 중단됐다.

부유한 세계에서 볼커 이후의 시기는 인플레이션 하락, 심각한 경기 침체, 실업률의 급증과 함께 찾아온 원자재 가격의 하락을 의미했다. 1972년부터 1982년 사이에 목재의 평균 가격은 40퍼센트, 구리는 25퍼센트, 커피는 20퍼센트 이상, 설탕은 약 10퍼센트 떨어졌다.[22] 그러나 가난한 세계의 고통은 단연코 훨씬 더 컸다. 호황을 맞던 원자재 사이클이 혼란스러운 죽음을 맞았다. 수십 개국의 경제가 삐걱거리면서 멈춰 섰다. 강력한 성장을 가정해 구축된 확장적 재정 프로그램들이 이내 위기에 처한 반면, 높은 차입 금리로 인해 달러 표시 부채dollar-denominated debt의 이자 상환 비용은 크게 늘었다. 브라질이 대표적이다. 1960년부터 1980년까지 브라질의 실질적 1인당 GDP는 140퍼센트 상승했지만, 1980년부터 2000년까지는 그 성장세가 20퍼센트 미만이었다.[23] 유사한 경기 둔화와 침체, 불황이 가난한 세계 전역에 걸쳐 발생하면서 지속적인 피해를 남겼다. 2018년 과테말라의 1인당 GDP는 1978년 수준보다 겨우 20퍼센트 증가했으며, 코트디부아르는 16퍼센트 증가에 그쳤다. 일부 지역은 결코 회복하지 못했다. 콩고민주공화국, 아이티, 니제르, 라이베리아, 시에라리온, 중앙아프리카공화국에서의 2018년 1인당 생산량은 40년 전보다 턱없이 낮았다.

볼커 쇼크 이후 20년은 안정적인 성장 대신 끊임없는 위기가 찾아온, 발전의 잃어버린 20년으로 요약될 수 있다. 가난한 세계 곳곳에서 일어난 심각한 경기 침체는 재정 부실, 사회 및 정치의 붕괴, 대규모 유혈 사태로 이어졌다. 서반구에서는 이 시기에 멕시코, 브라질, 아르헨티나의 장기적인 침체를 야기했던 라틴 아메리카의 "데카다 페르디다(década perdida·잃어버린 10년)" 사건이 발생했다. 페루의 심각한 경제 위기는 좌익 게릴라 그룹인 '빛나는 길Shining Path'이 반란을 일으키는데 기여했다. 니카라과, 과테말라, 엘살바도르에서는 내전이 일어났으며, 콜롬비아에서는 마약 카르텔과 좌파 반군과 콜롬비아 정부 사이의 내부적 갈등이 고조됐다. 한편, 러시아처럼 구공산권 국가postcommunist states들은 서방의 지도를 받으며 고통스러운 "충격 요법"의 대상이 됐는데, 수많은 사람이 고통에 빠졌고, 소련의 산업적 유산은 상당 부분 파괴됐다. 이로 인해 (소련의) 저렴한 무기들이 가난한 세계로 흘러들면서 분쟁은 더욱 악화했다. 몽골처럼 저개발된 구공산권 국가들은 에릭 라이너트Erik Reinert가 경제적 "원시화primitivization"라고 표현한 상태를 경험하게 됐다. 많은 산업은 운영을 중단했고, 산업 노동자들은 목축과 같은 전통적인 생활로 복귀했다. 아프리카의 대호수Great Lakes 지역에서는 무력 충돌의 서사가 번져나갔는데, 여기에는 우간다 내전, 르완다의 대학살, 콩고의 모부투 정권 붕괴와 뒤이은 "제2차 콩고 전쟁"이 포함된다. 동시에 서아프리카에서도 라이베리아와 시에라리온 사이의 전쟁을 중심으로 위기가 발생했다. 한편 남아프리카에서는 에이즈가 퍼지면서 보츠와나, 에스와티니, 레소토, 말라위, 남아프리카, 잠비아, 짐바브웨의 기대 수명이 크게 줄었다. 앙골라 및 모잠비크와 같은 신생 탈식민지 국가에서도 유혈 충돌이 발생했다. 이란과 이라크의 전쟁, 소련과 아프가니스탄의 전쟁을 비롯해 인도와 스리랑카에서 고조되는 종교 간 분리주의 폭력 사태 등 피비린내 나는 전쟁의 참화가 발생했다. 이를 면한 지역은 극소수에 불과했다.[24] 라틴 아메리카, 중동, 아시아의 상당 지역이 크게 고통을 겪었다. 그러나 이러한 일련의 위기로 최악의 타격을 받은 지역은 아프리카였는데, 사망자 수가 수백만 명에 달했다. 조반니 아리기Giovanni Arrighi는 이를 "아프리카의 비극"이라고 불렀다.[25]

대부분의 가난한 국가들은 심각하게 약해졌던 20년을 벗어났다. 그 이전에 존재했던 수십 년에 걸친 담대한 국가 발전주의는 경제 위축과 생활 수준의 저하로 인해서 신뢰를 잃었다. 그것이 수카르노처럼 반식민지적인 것이든, 아니면 우푸에부아니처럼 서방과의 연합에 의한 것이든 말이다. 확장적 재정 체제expansionary fiscal regimes는 철회됐고, 국가 내부의 갈등으로 인해 정부 활동의 초점은 다른 곳으로 옮겨졌다. IMF가 부채 경감을 위해 요구했거나 에르난도 데 소토Hernando de Soto와 같은 열성적인 자유주의자들이 독자적으로 옹호했던 "구조 조정" 프로그램은 민영화, 규제 완화, 정부 활동 중단과 같은 조치를 내렸다. 이는 국가의 역량을 더욱 축소했다. 가난한 세계의 많은 정부는 절망적인 상태에서 외국의 투자를 유치하기 위해 그들의 자본 계좌capital account를 완화하기 시작했고, 그로 인해 변동성이 커져 일련의 금융 위기들이 정점에 달했다. 1994년 멕시코, 1997년 아시아의 여러 국가, 그리고 1998년의 러시아 등이 대표적이다. 그러나 이러한 모든 "개혁"은 데 소토나 아나톨리 추바이스Anatoly Chubais와 같은 서방의 경제학자나 외국 학자들의 지지에도 불구하고 성장의 기반을 개선하는 데 거의 도움이 되지 않았다. 오히려, 그러한 조치들은 가난한 세계를 공허한 상태로 만들었다. 그 상태로 그들은 새로운 세기를 맞게 됐다. 많은 공공 부문은 그러한 혼란으로 인해 너무도 무기력했다. 그들은 자신들이 주도하는 사회를 제대로 관리조차 할 수 없었다. 1990년대에 국가가 붕괴되면서 관습법이 부활한 소말리아처럼, 최악의 위기가 닥친 지역에서는 거의 아무것도 남지 않게 됐다. 정부의 핵심 기능은 국제 인도주의 단체에 넘겨졌다. 나이지리아의 역사학자인 라흐마네 이드릿사Rahmane Idrissa는 이를 두고 "원조 산업에 의해 유지되는 정부"라고 표현했다.[26]

## 탈산업화와 탈농업화

이러한 위기들은 끔찍했다. 그러나 1980~2000년 기간의 핵심적인 구조적 변화는 궁극적으로 더욱 심각하고 해로운 속성을 지니고 있는데, 바로 가난한 세계에서 예상치 못한 탈산업화가 도래했다는 점이다. 1970년대 이후 세계를 휩쓴 연속적인 탈산업화의 물결이 미국의 러스트 벨트, 잉글랜드의 북부와 스코틀랜드, 프랑스 북부 등 서방의 해안에 들이닥쳤다는 것은 잘 알려진 일이다. 그러나 탈산업화는 전 세계적인 현상이었고, 지구상의 거의 모든 국가에 영향을 미쳤다. 실제로 1980년 이후 가난한 나라들은 선진국이 경험한 것만큼이나, 때로는 그보다 더욱 심각한 탈산업화 과정을 겪었는데, 원인은 바로 중국이라는 산업 괴물의 출현이었다. 그들은 미국이나 프랑스에서 그랬던 것과 마찬가지로 멕시코와 이란의 노동자들을 무섭게 대체했다.

탈산업화는 이전에는 발전의 사다리를 빠르게 올라가는 것처럼 보였던 수많은 국가를 휩쓸었다. 브라질은 1986년, 인도는 2002년, 콜롬비아는 1970년, 멕시코는 1980년, 페루는 1971년, 인도네시아는 2001년, 가나는 1978년, 나이지리아는 1982년에 제조업 고용 수준의 정점에 이르렀지만, 그들의 제조업 고용률과 1인당 GDP는 서방의 국가들이 제조업의 최전성기에 이르렀던 시절에 비하면 턱없이 낮은 수준이었다.[27] (제조업 고용은 일반적으로 생산량보다 더욱 유용한 산업화의 지표다.)[28] 라틴 아메리카의 국가들은 가장 심각하게 타격을 받으면서 산업이 더 이상 하락할 수 없는 지경에 이르렀고, 아시아의 많은 국가는 장기간의 정체에 가까운 상태가 됐다. 아프리카의 많은 나라는 산업화의 매우 낮은 수준으로까지 제조업 기반을 상실했기 때문에, 그들이 산업화를 이룬 적이 있

었다고 말하기 힘들 정도였다.[29]

경제학자 로드릭은 이런 현상을 "조기 탈산업화"라고
부른다. 이런 현상의 발생은 단지 로스토와 같은 더욱 오만한
경제학자만이 아니라 발전의 황금기에 있었던 경제학자들이
예측했던 것과는 완전히 반대되는 일이었다. 마치 과일이 익
기도 전에 썩어가는 것과 같았다. 서방의 국가들에서 탈산업
화는 적어도 풍족함으로의 진화라는 편리한 서사에 끼워 맞
춰질 수 있었다. 즉, 숙련되고 세계 시민적인 "지식 노동자들"
이 편안한 "성숙 경제"를 채우는, 더욱 높은 단계로의 전환에
있어서 필수적인 부분이라는 설명이었다. 그러나 브라질이나
인도와 같은 지역에서는 그러한 서사가 통용될 수 없었다. 그
곳에서의 탈산업화는 여전히 압도적인 수준의 후진성 및 빈곤
과 함께 공존하고 있었기 때문이다. 산업화가 가난한 세계를
떠나면서 그것의 역사적 과제는 여전히 미완으로 남겨졌다.

동시에, 또 다른 구조적 변화가 느껴지기 시작했는데,
그것은 바로 1980년 이후 몇 년 동안 가속화된 탈농업화의
과정이다. 2차 세계 대전 종식 이후로 전 세계의 모든 곳에서
농촌 인구가 차지하는 비중이 감소했는데, 이는 대부분 다양
한 농업 개혁 프로그램으로 인해 농업의 생산성이 커졌기 때
문이었다. 일부 국가는 토지 개혁을 실시했고, 또 다른 국가는
자본 집약적인 녹색 혁명Green Revolution[30] 기술을 도입했다.[31] 그

러나 20세기 말까지도 농업은 여전히 세계 인구의 대부분이 종사하는 직업이었는데, 특히 가난한 나라들의 막대한 인구들이 여기에 속해 있었다. 1970년에는 인도 인구의 80퍼센트와 인도네시아의 83퍼센트가 시골 지역에 살았다. 그러나 1970년대에 시작된 일련의 개혁들은 가난한 세계의 소지주와 농민들의 삶을 점점 더 힘들게 만들었다. 녹색 혁명 이후, 농업의 자본 집약도가 높아지면서 많은 사람이 인공 비료와 같은, 그들이 감당할 수 없는 비용의 투입물이 필요해졌다. 이는 많은 영세 농업인에게 특히 큰 압박이 됐다. 비슷한 시기에 자국의 농업 경제가 세계 시장에 더욱 노출되면서 가난한 세계의 농업은 전문화의 방향으로 재구성됐다. 그 때문에 내수 위주의 자급 자족적이었던 국가 농업은 현금 작물cash crop의 우위를 강조하는 새로운 어려움에 직면했다. 1980~2000년의 위기 기간에 국가 농업의 보조금과 관세가 철폐되며, 동남아프리카 및 아이티와 같은 지역에서 열악한 토지 관리로 인한 사막화와 토양 황폐화가 더욱 심화했다.[32] 이러한 추세는 소규모 농부들에게 훨씬 더 커다란 압력을 가했다. 많은 이들이 감당할 수 없는 빚을 지게 되면서, 인도의 농부들 사이에서는 마치 전염병처럼 자살이 이어졌다. 그렇지 않은 이들은 농업에서의 소득 감소를 메우기 위해 도시에서 계절형 일자리seasonal job를 구해야 했다. 그로 인한 궁극적인 결과는 탈농업화 과정의 가속화 및 도시 중심부로의 대규모 이주였다.[33] 도시화의 속도는 놀라웠다. 1980년부터 2010년 사이에 동아시아 및 태평양 지역의 도시 인구는 24퍼센트(7억 2000만 명), 남아시아는 9퍼센트(3억 명), 라틴 아메리카 및 카리브해 지역은 14퍼센트(2억 3000만 명), 중동 및 북아프리카는 13퍼센트(1억 5000만 명), 사하라 사막 이남 아프리카는 14퍼센트(2억 2500만 명)가 증가했다. 중국은 전 세계적 탈농업화에서 가장 크게 기여한 단일 국가지만, 같은 시기 전 세계적 도시화의 약 75퍼센트는 다른 지역에서 발생했다.[34]

1970년 이후, 인구 급증과 농촌 이민자의 유입으로 인해 가난한 세계의 도시는 크게 성장했다. 라고스의 인구는 1970년 140만 명에서 2022년 1390만 명으로, 다카는 140만 명에서 2250만 명으로, 상파울루는 760만 명에서 2240만 명으로 늘었다. 그보다 규모가 작은 도시들도 빠르게 성장했다. 앙골라 북서부의 주도인 우이게Uíge의 인구는 1950년 3200명에서 72년에 거의 60만 명이 되었다. 나이지리아 남부의 우요Uyo의 인구는 5800명에서 120만 명 이상으로 늘었다.[35] 그러나 이러한 증가 추세 대부분은 도심의 주변부에서 계속 커지는 슬럼 지대에 집중됐으며, 현재 그곳에는 수많은 빈곤층이 거주하고 있다. 불과 1제곱마일 내에 스톡홀름의 인구[36]와 맞먹는 사람들을 수용하고 있는 뭄바이의 다라비Dharavi, 카이

로의 만시에트 나스르Manshiet Nasr, 브라질의 파벨라favela, 포르
토프랭스의 악명 높은 시테 솔레이Cité Soleil 등은 "슬럼의 행
성"의 몇몇 전초기지에 불과하다. 고故 마이크 데이비스Mike
Davis는 2005년의 저작 《슬럼, 지구를 뒤덮다》에서 슬럼의 행
성을 "인류의 거대한 비극"이라고 표현하며 암울한 진단을
내렸다.[37]

이렇게 탈농업화와 탈산업화가 동시에 벌어지면서 가
난한 세계의 경제에는 공백이 생겼다. 점차 상황을 통제할 수
없게 된 국가들은 계획하지 않았던 방식으로 대응했다. 한쪽
에서는 원자재 수출에 의존적인 경제가, 다른 한쪽에서는 저
숙련 서비스 노동 위주의 경제가 만들어졌다.

산업과 농업이 모두 상대적으로 쇠퇴함에 따라, 많은
탈산업postindustrial 국가들은 원자재 수출로 돌아섰다. 특히
1990년대 중반, 중국의 도약으로 인해 글로벌 원자재에 대한
수요가 회복되기 시작한 이후에는 이러한 경향이 더욱 두드
러졌다. 브라질이 대표적인 사례다. 탈산업화를 거치면서 브
라질의 수출 포트폴리오에서 자동차 부품이나 기계 장치, 전
자 제품과 같은 고급 상품이 차지하는 비중이 줄었다. 그 자리
는 급증한 철과 석유 무역이 대체했다. 1995년에 철광석은
브라질 수출의 3.8퍼센트를 차지했고, 원유의 비중은 0.1퍼센
트에 불과했지만, 2020년이 되자 그들은 각각 10.8퍼센트와

8.1퍼센트가 되었다. 산업 기계 수출은 7.1퍼센트에서 3퍼센트로 감소했다.[38] 석유 지대oil rents[39]는 1970년 GDP 대비 0.1퍼센트에서 2008년 2.4퍼센트로 상승했고, 광물 지대mineral rents도 0.5퍼센트에서 1.9퍼센트로 상승했다.[40] 이러한 추세는 브라질 경제를 빠르게 탈복잡화했고, 채굴을 통한 지대 추구는 갈수록 중심이 돼가고 있다. 2000년에 브라질은 세계 26위의 경제적으로 복잡한 국가로 평가받으며 폴란드 및 멕시코에 근접했었다. 20년 뒤 그들은 60위로 떨어졌는데, 이는 키르기스스탄이나 북마케도니아보다도 낮은 순위다.[41] 이와 동일한 탈복잡화, 수출을 다시 우위에 두는 경향은 우크라이나, 에콰도르, 아르헨티나, 몽골, 카자흐스탄과 같은 여타의 조기 탈산업화 국가에서도 나타났다.

2000~2015년의 원자재 슈퍼 사이클과 같은 호황기에는 이러한 채굴 모델이 엄청난 수익을 창출할 수 있었다. 중국의 성장 덕분에 에콰도르나 볼리비아, 브라질과 같은 라틴 아메리카의 자원 수출국들은 자원 채굴과 경제적 재분배를 결합한 (좌파 세력이 휩쓸던) "핑크 타이드Pink Tide" 정부들을 지원할 수 있었다. 그러면서 빈곤을 줄이고 기초 인프라를 구축할 수도 있었다. 한편 러시아는 국가의 천연자원 부문의 호황으로 인하여 몇 년 동안 비교적 번영을 누렸으며, 2011년에는 국민의 기대 수명이 마침내 1988년 수준을 넘어섰다. 나

이지리아나 앙골라처럼 정부의 기능이 떨어지는 체제에서는 자원 수출로 벌어들인 수익이 부패한 지대 추구 엘리트들에게 거의 전부 흡수됐다. 그래서 나이지리아의 OPEC 일일 할당량인 180만 배럴 중에서 약 5분의 1이 매일 다양한 생산 단계에서 도난당했으며, 그렇게 나라 밖으로 빠져나갔다.[42] 가장 극단적인 경우, 이러한 고질적인 자본 도피가 2010년대에 포르투갈에서 볼 수 있었던 것과 같은 기괴한 장면으로 이어지기도 한다. 앙골라의 집권당은 표면적으로는 "앙골라 해방 인민 운동MPLA"이라는 사회주의적인 명칭을 내걸고 있었고, (1975년에) 포르투갈로부터 독립을 쟁취할 때 상당한 역할을 한 것으로 유명했는데, 이 당의 엘리트들은 당시 리스본의 호화 부동산을 사들여서 횡령한 자금을 세탁하기 시작했다.[43]

2014~2015년에 중국의 성장이 둔화하고 미국의 셰일가스 개발로 인해 유가가 곤두박질치면서 원자재 사이클이 뒤바뀌자 채굴 모델은 취약한 것으로 입증됐고, 경제 위기는 전 세계적인 정치 불안의 물결로 이어졌다. 아르헨티나와 브라질, 에콰도르에서는 채굴과 재분배 체제가 다른 것으로 대체됐고, 베네수엘라는 심각한 어려움에 직면했다. 라틴 아메리카의 핑크 타이드 시대는 이렇게 혼란스러운 종말을 맞았다. 이라크나 나이지리아와 같은 조금 더 가난한 원자재 수출국에서는 심각한 예산 위기가 파괴적인 이슬람 반군과 맞서 싸울

수 있는 정부의 역량을 훼손시켰다. 그전까지만 하더라도 원자재 추출에 기반을 둔 전략들은 글로벌 수요가 강력할 경우, 소득을 (또는 적어도 GDP 수치를) 늘릴 수 있었다. 그러나 2014년에서 2016년, 개발도상국들의 위기는 이어졌다. 그 후 몇 년 동안 지속된 빈곤을 감소시키려는 노력의 약화(예를 들어 브라질의 빈곤율은 2014년보다 2019년에 더 높았다)는 원자재 추출의 전략이 국가 경제를 발전시키는 건실한 방법이 아니라는 점을 입증했다.[44]

발전 없는 국가의 초상

## 일할 수 없는 대중은 어디로 가는가

물론 브라질의 석유 기업 페트로브라스Petrobras, 러시아의 가스프롬Gazprom, 또는 나이지리아의 NNPC 유한 회사와 같은 기업은 각각의 국가에서 나름의 커다란 역할을 했다. 그럼에도 그들은 자국 내 노동력의 상당 부분을 흡수하지 못했다. 원자재는 저숙련 노동자와 고숙련 노동자를 적절한 임금 내에서 아주 많이 흡수하는, 특히나 저숙련 노동자를 많이 흡수하는 제조업을 결코 대신할 수 없었다. 따라서 원자재 호황기에도 수많은 실직자가 양산됐다. 원자재 호황기와 동시에 진행된 탈산업화와 탈농업화(이는 대규모 인구 증가와 맞물리기도 했다) 역시 실직자를 크게 늘렸다. 이들 대부분은 카라치, 리마, 자카르타, 라고스, 카이로와 같은 거대한 슬럼 지구에 모였다.

　　자연스럽게 이러한 잉여 노동력은 경제학자들이 상당히 완곡하게 "서비스 부문"의 일부라 분류하는 불투명한 경제 집단으로 흡수됐다. 대중들의 상상 속에서 이러한 서비스 노동자들의 전형은 인도의 방갈로르Bangalore나 필리핀 마닐라의 콜센터 노동자와 IT 전문가다. 일부 경제학자들이 1990년대와 2000년대에 인도와 같은 나라를 위한 "서비스업 주도 발전"이라고 낙관적으로 전망하게 만든 원인이 바로 이렇게 아웃소싱되고 글로벌화된 다양한 노동력이다.[45] 그러나 이렇게 비교적 숙련된 노동력보다 훨씬 더 흔한 것은 다른, 더 평민적인plebeian 것이다. 비공식적이며 임시적이고, 생산성이 낮은 비정규직 형태가 가난한 도시의 사회적 지형을 규정하게 됐다. 네덜란드의 사회학자인 얀 브레만Jan Breman은 인도 구자라트Gujarat 남부의 고용에 대한 연구에서 이러한 비공식 부문의 노동자들을 가리켜 "임금 수렵 채집인wage hunters and gatherers"이라고 불렀다. 이들은 무면허 택시 운전사들, 길가의 과일 행상들, 무소속 짐꾼들, 멈춰 선 차량의 유리를 닦아주고 돈을 요구하는 사람들, 잎담배를 말아 파는 사람들, 걸인들, 넝마주이들, 의류 재판매상들, 소액 사기꾼과 도둑들, 시장의 짐꾼들, 그리고 일반적인 비숙련 일용직들이다. 이들은 카불에서부터 카빈다와 마나과에 이르는 수많은 도시 인구의 다수를 차지하고 있다.[46] 이러한 저숙련 서비스 노동자들의 수는 고숙련의 공식 부문 노동자보다 훨씬 더 많다. 예를 들자면, 1991년 자유화 프로세스가 개시된 이후 인도에서 창출된 수억 개의 일자리 가운데 약 90퍼센트가 그들이 자랑스러워하는 IT 산업이 아니라 "비공식 부문"이었다.[47]

때로는 이들에게 "마이크로 기업가micro-entrepreneur"라는 그럴듯한 명칭이 붙기도 한다. 이는 에르난도 데 소토가 비공식 일자리를 관료주의에 대항하는 "보이지 않는 혁명"이라고 찬사를 보내며 처음 시작됐다. 2000년 이후에는 소액 대출을 빈곤 퇴치의 묘수로 여긴 전도사들에 의해 다시 채택됐다. 그러나 이러한 지지와는 반대로, 비공식 일자리는 사실상 잉여 노동자에게는 막다른 길이다. 가난한 세계에 만연한 임시직 일자리는 대량 실업에 대한 치료법을 대변하는 것이 아니라, 오히려 대규모의 불완전 고용을 의미하는 것이다. 설령 통계학자들이 그 둘을 구분한다고 하더라도, 사실 임시직 일꾼과 실업자는 종이 한 장 차이에 불과하다. 따라서 가난한 세계의 나라의 경우, 노동자의 수는 지나치게 많지만, 그들을 투입할 수 있는 양질의 일자리는 지나치게 적다. 이 상태에서 빈곤국은 놀라울 정도로 넘쳐나는 노동력으로 고통받고 있다.

이렇게 저렴한 노동력의 풍부함은 인적 자원의 비생산적인 활용으로 이어진다. 예를 들자면, 파키스탄의 중산층 가정이 일상적으로 여러 명의 가정부를 고용할 수 있다거나, 아랍어로 "하야틴(hayateen·벽에 기대어 있는 남자들)"이라고 부르는 무기력한 젊은이들이 어디에나 즐비한 상황이 발생하는 것이다.[48] 공식적인 일자리를 향한 절박함은 이러한 사회 어디에나 존재하며, 이는 심지어 말단 일자리를 놓고도 엄청나게 치열한 경쟁으로 이어진다. 2015년에 인도 북부의 우타르프라데시Uttar Pradesh 주 정부는 368명의 서기직을 충원한다는 공고를 게시했는데, 무려 230만 개의 지원서가 접수됐다.[49] 특히 인도에서는 끔찍한 취업 시장 이야기가 무수히 존재한다. 카타르 항공과 같은 기업의 채용 전형에는 일반적으로 수

천 명의 지원자가 몰리는데, 면접 센터 밖에는 수많은 인파가 줄을 서지만 무더기의 사람들이 면접의 기회를 얻지도 못하고 집으로 돌아가곤 한다.[50]

이들 비공식 부문 노동자들의 생계 수단은 암울하다. 많은 가난한 나라들에서 금융 신용 거래financialized credit가 발전하면서 빚이 하나의 생존 수단이 됐다. 브라질에서는 가계 소득 대비 부채 비율이 2004년 18퍼센트에서 2021년 말에는 60퍼센트가 됐다.[51] 빈곤국의 이러한 "조기 금융화"는 때로 매우 약탈적인 성격을 취하기도 한다. 최근 몇 년 동안 아프리카와 아시아의 국가들에서는 피라미드 사기가 급속히 늘었는데, 일자리가 없고, 불완전한 취업 상태의 젊은이들은 완벽한 타깃이 됐다. 2017년의 한 연구는 나이지리아 학생들의 70퍼센트가 최소 한 차례 이상 피라미드 상품을 구입했다는 사실을 밝혔다.[52] 이런 나라들에서 보이는 비트코인 및 이더리움과 같은 암호화폐의 인기는 (국가적) 기능 장애의 산물이다. 실제로, 아프리카에서는 비트코인을 일찌감치 받아들였는데, 이는 피라미드 사기 회사인 'MMM'에 의해 주도됐다. 참고로 MMM이 처음으로 대규모의 희생양을 발견한 곳은 1990년대에 고통을 받고 있던 러시아였다.[53]

이러한 일자리는 단지 특별히 볼품없다거나 수익성이 없는 것만이 아니다. (노동의 열악함에 대해서 말하자면) 중국이나 한국의 초기 산업화를 정의했던 노동 착취 현장의 일자리도 거의 마찬가지였다. 오히려 이러한 비산업화 또는 탈산업화된 가난한 사회를 규정하는 서비스 노동의 문제는 그런 나라들이 부유해질 수 있는 경로를 거의 제시하지 않는다는 점이다. 대부분의 서비스 일자리는 산업화와 달리 성장을 견인하지도, 생산성을 강화하지도 않는다. 인도의 "서비스업 주도의 발전" 모델은 동아시아 경제권에서 볼 수 있었던 급속한 도약과 역동성을 성취하지 못했다. 심지어 하이데라바드나 벵갈루루에서조차도 말이다. 이들 도시는 기술 부문이 제조업 및 농업과 같은 규모로 노동력을 (특히 저숙련 노동력을) 흡수할 수 없다는 점을 입증했다. 르완다가 추진하고 있는 비슷한 서비스업 기반의 모델은 제조업을 "뛰어넘어서" 서비스업으로 직행하겠다는 계획으로, "인공지능 및 디지털 기술 분야에서 아프리카의 선도적인 허브"가 되겠다는 장대한 약속을 하고 있다. 권위주의적 안정성과 원조자의 지속적 관심 덕에 르완다는 동아프리카의 이웃 나라들보다는 더 나은 성장으로 나아갔다. 그러나 이 역시 르완다를 유의미하게 발전된 경제로 변모시킬 수 있는 능력을 보여 주지 못했는데, 2021년 기준으로 르완다의 1인당 GDP는 아이티나 바누아투보다도 낮았다.[54] 르완다의 뛰어넘기 모델을 다룬 한 연구에서 결론 내린 것처럼, "'현대적인' 서비스 성장으로부터 얻어지는 자동적인 '낙수 효과'는 없다."[55]

## 일꾼, 이민자, 군인

농업과 산업에 의해 버려지고 서비스 일자리에 의해서도 완전히 흡수되지 않은 잉여 노동이라는 경제적 문제는 곧 사회적 문제가 된다. 직업을 얻지 못하고 불만을 가진 하야틴은 제3세계 사회의 불안정을 부른다. "젊은이의 급증"과 높은 청년 실업률, 그리고 사회적 불안 사이의 관계에 대해서는 수십 년 동안 연구가 진행돼 왔는데, 청년 실업을 크게 줄인 사회만이 그러한 불안을 겨우 모면할 수 있었다. 문제가 극에 달하면 불만을 가진 젊은이들은 나라의 주권을 두고 국가와 경쟁하는, 다양한 형태의 범죄 집단이나 반군 단체의 병사가 됐다. 예를 들자면, 엘살바도르나 온두라스의 마라 살바트루차(MS-13), 멕시코나 콜롬비아의 마약 밀매 그룹, 아이티의 G-9을 비롯한 범죄 조직, 무슬림 세계의 보코하람Boko Haram이나 이슬람국가IS 등이 있다. 소말리아의 알-샤바브al-Shabaab는 그 이름부터가 "청년"이라는 의미이다. 조금 더 일상적인 곳을 보자. 일자리를 구하지 못하거나 불완전한 고용 상태에 놓인 젊은이들은 범죄 폭력과 도심 시위의 인력이 된다. 예를 들자면, 나이지리아 북부의 소자보이(sozaboy·군인 소년)라는 하위문화부터 남아프리카의 주마Zuma 시위나 인도의 도시에서 가끔

발생하는 분리주의자의 학살을 들 수 있다. 소비에트 연방이 붕괴되면서, (그리고 2011년 카다피의 리비아가 몰락하면서) 가난한 국가에는 첨단 무기가 대거 유입됐는데, 휴대 전화와 인터넷과 같은 새로운 정보화 시대의 도래는 또 다른 불안정 요인이다. 이러한 요인들은 새로운 세력의 불안정한 잠재력을 더욱 강화할 뿐이다. 특히 점점 더 힘을 잃어 가는 국가의 경우, 해당 정부는 그들 자신의 영토조차도 거의 통치하지 못한다.

가난한 나라들의 경제적 상황을 악화시키는 주요한 "방출 밸브"는 해외로의 이주다. 대부분의 이주는 국가 내부에서의 이동이거나 계절적인 형태를 취했다. 농업만으로 생계를 유지할 수 없게 된 시골 출신의 인도인들이 건설업의 비공식 노동자로 일하기 위해 주기적으로 도시로 이동하는 것처럼 말이다. 그러나 국가적 전망이 어두워지면서 점점 더 많은 이주가 국제적인 성격을 띠게 됐다. 특히 1980년 이후의 기간은 전 세계적인 이주가 가속화했던 시기로, 그 어느 때보다 많은 인구가 이동했다. 1980년부터 2000년까지 국제 이주민의 수는 83퍼센트로 증가해서(참고로 1960년부터 1980년까지는 30퍼센트 증가했다) 무려 1억 7200만 명이 되었다. 이러한 가속화는 2000년 이후에도 멈추지 않았다. 2015년에는 국제 이민자의 전체 규모가 거의 2억 5000만 명에 이르렀다.[56]

이러한 경제적 이민자들에게 가장 인기 있는 목적지는 예상대로 유럽의 부유한 국가, 미국, 러시아였지만 아이티인은 도미니카 공화국으로, 아프간인은 이란으로, 부르키나베인은 코트디부아르로, 짐바브웨와 모잠비크 출신 이민자는 남아프리카 공화국으로 이주했다. 즉, 상당수가 제 기능을 하지 못하는 곳을 떠나 비교적 부유한 이웃 국가로 유입된 것이다.

    1980년대 이후의 "새로운 이주"는 이주민들이 떠나는 장소의 변화를 의미하기도 했다. 이주 노동자들이 더욱 높은 임금을 찾아 외국으로 떠나면서, 그들이 본국으로 돌려보내는 송금액이 경제 전체의 생명줄이 됐다. 1976년에 엘살바도르가 해외로부터 받은 송금액은 GDP 대비 약 0.5퍼센트였다. 2020년이 되자 그 수치는 24.1퍼센트로 증가했는데, 대부분은 미국에 있는 대규모의 엘살바도르 이주민들에게서 온 것이었다. 케랄라Kerala와 같은 인도 남부에서도 동일한 일이 벌어졌다. 건강과 복지 지표가 좋은, 인도에서 선진적인 지역인 케랄라의 경제는 현재 지역의 젊은 남성들을 페르시아만에 계약 노동자로 수출하는 것에 크게 의존하고 있다. (이러한 인구의 이동으로 인해 쿠웨이트, 바레인, 카타르와 같은 걸프 지역의 군주국들이 전 세계에서 남성 인구를 가장 많이 보유한 반면, 케랄라는 인도의 대형 지역들 가운데서도 남성보다 여성이 더 많은 유일한 지역이 됐다.) 필리핀, 네팔, 우즈베키스탄, 과테말라, 자메이

카, 코소보를 포함하는 여타의 나라들도 국외의 송금액이 자국의 경제에서 차지하는 비중이 크며, 또 계속해서 커지고 있다.[57]

## 동아시아의 길을 밟을 수 있을까

그리하여 가난한 세계의 나라들은 과거 산업화에 뒤늦게 성공한 나라들과는 현저하게 다른 상황에 처해 있다. 글로벌 경제 상황이 바뀌었다. 산업화의 전통적인 "플라잉 기스 모델 (Flying Geese Model·안행형 모델)"은 산업화를 이뤄 내려는 국제적인 "대기 줄"이 있다는 암묵적인 전제하에, 상품을 저렴하게 생산할 수 있는 노동력이 풍부한 나라에서는 제조업이 확산할 것이라고 가정하고 있다. 이제 이런 모델은 더 이상 유지되지 않는다. 로드릭을 비롯한 이들이 지적하듯, 산업화의 물결은 점차 약화했다. 19세기 미국, 1950년대 일본, 1990년대 중국 등의 성공적인 산업화 국가보다 현대의 국가들은 자국 시장에 대한 통제력이 떨어진 상태다. 글로벌 경쟁이 심화했기 때문이다. 또한, 글로벌 성장률의 장기적인 둔화와 부의 불평등, 부유한 국가의 인구통계학적인 변화와 연관돼 세계적인 수요도 변했는데, 이는 소비자 수요의 감소로 이어졌다. 그리고 아마도 이것이 가장 중요할 텐데, 노동력을 절감해 주는 자동화로 인해 제조업에서의 노동 강도가 약해졌다. 만약 기업가들이 "바느질 로봇"을 비롯한 기계들을 성공적으로 만들어 낸다면, 앞으로는 이러한 추세가 더욱 가속화할 것이다.

오늘날의 가난한 사회는 이전의 산업화 후발주자들과도 상당히 다르다. 1960년대의 한국이나 1980년대의 중국은 대부분 농업 사회였으며, 대부분의 지대 추구 세력들이 결함은 있지만 일관된 발전주의 엘리트 연합에 의해 강력한 통치를 받고 있었다. 페리 앤더슨Perry Anderson은 그러한 농민들을 두고 "방출되기만을 기다리고 있는 잠재적 에너지로 가득 차 있다"고 썼다. 그들이 낮은 소득에도 불구하고 성공을 빠르게 이룰 수 있었던 이유는 높은 국가 역량의 산물이었는데, 높은 국가 역량의 산물 역시 다양한 요인의 산물이다. 우선 이들 나라에서는 농촌 지주들이 이주하면서 지주의 이해관계로부터 자유로웠다. 이들 국가는 튼튼한 사회 체제에 기반을 두고 폭력을 강력히 독점하고 있었고, 국내의 엘리트는 국가와 기업 사이를 효과적으로 조율했다. 이들은 단지 국가가 기업에 도움을 주도록 했을 뿐만 아니라, 국가가 기업을 단속할 수 있게도 해줬다. 그리고 이들의 노동력은 성공적인 교육과 공중 보건 정책 덕분에 비교적 숙련돼 있었고 건강했으며, 제조업으로 흘러들 수 있는 저렴한 노동자도 풍부했다. (전 세계적) 여건이 바뀌었고, 산업 정책의 전술이 바뀌었음에도 불구하고 (이러한 변화는 수입 대체 정책이 흔들리기 시작했을 때도 라틴 아메리카에서는 볼 수 없었던 것이다) 동아시아의 산업화 후발 주자들이 이러한 성공을 유지할 수 있었다는 것은 그들에게 매우 실용적이며 전략적인 발전주의 정치 연합이 있었음을 의미한다.

이러한 조건이 현재의 가난한 세계에서도 재현될 수 있을까? 궁극적으로 이것은 단지 경제학에 대한 것만이 아니라 정치경제에 대한 질문이기도 하다. 각국이 고소득 상태로 빠르게 이동하는 경우 볼 수 있는 엘리트 연합을 모방할 수 있는지의 여부, 즉 지속적인 경제 발전을 위해 필요한 투자를 하고, 그에 따른 희생에 필요한 세력 간의 협상을 할 수 있는 엘리트 연합을 만들어 낼 수 있느냐는 것이다.

글로벌 발전에 대한 그림에서 비교적 밝은 지점도 있다. 예를 들어서 베트남, 말레이시아, 태국, 인도네시아, 의류 수출국으로 탁월한 존재감을 드러낸 방글라데시, 그리고 어쩌면 최근 몇 년 동안 개혁주의가 중심이 된 우즈베키스탄과 같은 예상치 못한 지역들이 그러한 도약을 이뤄 낼 가능성이 있다. 혹은 베트남처럼 이미 부분적으로 그것을 일부 성취한 곳도 있다. 특히 베트남은 복잡한 제조 기반을 갖춘 중진국 지위로의 전환에 성공한 사례로서 중국이나 폴란드만큼이나 연구할 가치가 있다. 베트남은 장쩌민과 후진타오 시대의 중국에 비해 부패와 불평등이 적었고, 중국의 기적에 버금가는 강력한 제조업 주도 성장을 보여 줬다. 중국만큼이나 소득이 크게 늘어난 개발 체제 아래에서 중국과 거의 일치할 정도의 성장률을 보였다. 희망이 있는 다른 국가들에서도 전망이 긍정적이지만, 각자의 사정은 좀 더 복잡하다. 방글라데시는 기성복 의류의 수출에서 상당히 성공을 거뒀지만, 중국, 한국과는 달리 제조업 분야는 여전히 (일반적으로 무조건적인 생산성 수렴이 적용되지 않는) 소규모의 비공식 기업들이 장악하고 있다.[58] 한편, 고부가가치 상품으로의 다각화는 어려운 것으로 입증됐다. 2019년에 방글라데시의 제조품 수출 가운데 겨우 2퍼센트만이 중고도 기술로 분류됐는데, 그에 비해 1990년의 중국은 28퍼센트, 2000년의 베트남은 21퍼센트였다.[59]

이러한 상대적인 성공 사례나 방글라데시와 같은 잠재적 미래를 가진 나라에 주어진 도전 과제는 반드시 빈곤만이 아니라, 아르헨티나나 터키처럼 한때 번성했던 경제와 관련된 '중진국의 함정middle-income trap'이다. 특히 말레이시아, 태국, 인도네시아는 모두 이 함정에 취약하다. 1997년 아시아 금융 위기는 중국과 거의 비슷한 성장세를 보였던 그들을 궤도에서 이탈하게 만들었고, 이후 그들은 다양한 강도로 조기 탈산업화를 겪었다. 그 함정을 벗어나려면 1980년대와 1990년대에 한국의 엘리트들이 보여 줬던 것과 비슷한 접근법의 변화가 필요할 것이다. 한국은 저숙련 고강도의 제조업으로부터 고숙련 하이테크 제조업으로 전환했으며, 그러면서 현대 및 삼성과 같은 "국내 1등" 기업들을 세계 최고의 지위로 이끌었다. 이러한 전환을 위해서는 더욱 숙련된 노동력을 양성해야 하고, 기존의 국가가 중진국 지위로 도약하는 데 있어 초기에 도움을 줬던 원래의 발전주의 정치 연합에도 도전해야 한다. 그렇기에 이는 대부분의 국가가 성공하지 못하는 어려운 전환이다.

멕시코, 브라질, 이집트, 러시아처럼 중진국의 지위를 결코 벗어나지 못한 나라들에서는 상황이 더욱 암담하다. 이들 나라에서는 새로운 발전주의 정치 연합의 출현이 어려울 것으로 보인다. 이들은 중진국의 함정에 오랫동안 갇힌 탓에, 비생산적인 지대 추구rent seeking 행위를 지향하는 대기업이나 엘리트 그룹이 고착화했다. 이들은 발전에는 거의 관심이 없다. 이들 국가는 더 이상 이러한 임대업자 엘리트 집단으로부터 자율적이지 않으며, 그들을 상대로 행사할 수 있는 권력도 거의 없다. 그들의 경제적 궤적은 작가 알렉스 호출리Alex Hochuli가 "브라질화Brazilianization"라고 부른 것으로 수렴된다. 이는 "현대적이지만 충분히 현대적이지 않은 상태"로, 중간 수준의 소득에 머무는 상대적 침체와 비공식성의 증가, 지대 추구, 불평등의 증가, 원자재에만 의존하는 탈복잡화된 경제, 그리고 자국민으로부터 점차 더 고립되는 엘리트 계층을 의

미한다.[60] 인도는 고도로 분권화된 나라로, 문화 및 언어의 측면에서 지역별로 중국보다 훨씬 더 다양한 지역적 특색을 갖고 있다. 인도의 경우 지역의 대지주부터 뭄바이를 장악하고 있는 부동산 위주의 지역 체제에 이르기까지, 지역과 전국의 지대 추구 세력들이 여전히 권력을 갖고 있다. 여기에 인적 자본의 불균형적인 혼합, 그리고 국가와 시장 사이의 열악한 협업과 같은 여러 다른 이슈까지 맞물렸다. 인도 역시 유사한 궤적, 즉 성장률은 높지만 소득 수준은 훨씬 더 낮은 상태를 마주하고 있다.[61]

나이지리아를 비롯한 다른 아프리카의 국가처럼 여전히 더욱 가난한 나라에서는 상황이 훨씬 더 심각하다. 대체로 그곳에서는 기본적으로 지대 추구 세력의 패권 통치에 대한 도전이 없다. 실질적으로 그들이 국가를 완전히 통제하고 있으며, 따라서 경제를 유의미하게 발전시키거나 다른 형태의 산업화를 배양해야 할 유인책이 존재하지 않는다. 이들 국가는 임금이 낮고 젊은 인구가 많음에도 불구하고, 중요한 제조 부문을 건설할 수 있는 역량이 부족하다. 실제로 거의 모든 아프리카 국가에서는 노동자 한 명당 인건비가 방글라데시보다 높다. 심지어 1인당 GDP가 훨씬 더 낮은데도 불구하고 말이다. 그나마 견줄 만한 경쟁국들 가운데에는 오직 에티오피아만이 근접해 있었지만, 2017년에 발표된 아프리카의 인건비에 대한 연구에서 "정치적 불안"이 에티오피아의 "산업화를 이탈하게" 만들 수 있다며 진지하게 경고했다.[62] 설령 상황이 더 나았다 하더라도, 이러한 저소득 국가들에서의 산업화 가능성은 여전히 낮았을 것이다.

이러한 그림은 국가의 역량이 약화하고 있으며 많은 지역에서 국가의 무력violence 독점이 흔들리고 있다는 증거로 인해서 더욱 암담해진다. 대부분의 가난한 나라들은 증가하는 범죄와 폭력에 도전할 수 있는 능력을 보여 주지 못했다. 최악의 사례인 아이티의 경우, 정부가 범죄 조직, 민병대, 군벌에 의해 완전히 주권을 상실했고, 이제는 정치적 거버넌스가 구조적으로 불가능해졌다. 부분적으로 이는 1950년 이후 수십 년 동안 급격히, 때로는 왜곡된 채 진행된 사회 현대화 과정의 산물이다.

전통적 공동체가 가능케 했던 사회적 자율 규제 기능을 박탈당한 슬럼 사회는 농업 사회와는 다른 방식으로 통치할 수 없다는 사실이 종종 입증되곤 한다. 1949년에 아이티의 수도인 포르토프랭스Port-au-Prince를 방문했던 에드먼드 윌슨 Edmund Wilson이라면 그곳을 회상하며 "오물도 없고, 악취도 없으며, 혐오스러운 광경도 없는" 마치 "어느 이탈리아의 마을"과 같았다고 묘사할 수 있었겠지만, 이제 그런 시절은 지나갔다. 1970년에 (자이르의) 킨샤사에 살았던 어느 미국인[63]은 그

곳을 (뉴욕의) 브롱크스와 견주면서 "브롱크스의 길거리에서 킨샤사의 모든 곳에서 들었던 것보다 강도와 약탈과 범죄 이야기를 훨씬 더 많이 들었다"고 썼는데[64], 역시나 옛날이야기일 뿐이다. 그 누가 보더라도 이들 사회에서 지난 수십 년 동안 사회적 질서와 국가의 정당성이 와해했다는 것은 명백하다.

모부투, 시아드 바레, 보카사의 정권이 아무리 부패했고 혐오스럽고 잔인했다고 하더라도, 콩고, 소말리아, 중앙아프리카공화국 같은 나라들은 수십 년 전에는 정치적으로 주권국이었으며 절반 정도는 기능을 갖춘 체제에 의해 통치되고 있었다. 오늘날 그곳은 모가디슈가 알-샤바브에게 함락되는 것을 막으려는 아프리카연합AU의 군대, 사헬Sahel 전력에 주둔하고 있는 프랑스 병력, 중앙아프리카공화국 전역에 개입하고 있는 러시아의 용병들인 와그너 그룹Wagner Group 등 외국의 군대들부터, 의도는 좋았다 하더라도 정체를 알 수 없는 힘든 서방의 수많은 인도주의 단체들에 이르기까지, 수많은 외부 기관들이 모여 있다. 이들은 그들 국가가 너무 약해서 스스로 처리할 수 없는 위기들을 매년 분류해야만 한다. 그러나 국가의 역량을 점차 상실한 이들 국가는 제대로 된 지원을 받지 못하고 있는데, 이는 서방의 개발 전문가들이 내린 합의 때문이다. 역사학자인 이드리사Idrissa는 서방의 전문가를 두고 "그 나라를 강화하는 방법에 대한 전문가가 아닌, 어떻게 하면 더 약화할 것인지에 대한" 전문가들이라고 표현했다. 그들이 엘리트의 협업 및 정치경제학과 같은 더욱 도전적이며 현지의 상황에 민감한 질문들보다는 비정부기구 및 학술 연구팀에 의해 수행될 수 있는 무작위 대조 시험RCT과 같은 소규모의 개입에 과도하게 초점을 맞추고 있다는 점에서 그렇다.[65]

불안정, 폭력, 그리고 국가 역량의 상실은 발전에 대한 가장 희망적인 시도에도 독이 될 수 있다. 만약 2010년대에 아프리카에서 진정으로 밝은 지역이 있었다면, 그곳은 바로 에티오피아였다. 에티오피아는 2004년부터 2018년까지 계속해서 여느 나라들과 견줘도 높은 수준의 성장률을 기록했다. 일당 국가가 정치적 안정성을 유지하며 수출 지향적인 산업 발전을 추구하는 중국식 모델을 모방하려는 투명한 시도도 있었다. 그 성과는 상당했다. 에티오피아의 1인당 실질적 GDP가 2005년부터 2020년 사이에 두 배 이상 증가하면서, 사하라 사막 이남 아프리카의 전반적인 수준보다 대략 11배나 빠른 성장률을 기록했다.[66] 그러나 에티오피아의 안정성은 중국이나 한국에서처럼 견고한 권력 국가의 기반 위에서 수립된 것이 아니었다. 다만 다양한 인종의 엘리트 사이의 복잡하며 지속적인 협상에 근거한 것이었다. 멜레스 제나위Meles Zenawi의 개발주의 정권은 이러한 협상을 주관하고 있었다.[67] 2012년 멜레스의 사망 이후 몇 년 동안 서서히 붕괴된 이러한 "인종 연방주의"는 2020년 말에 잔혹한 내전이 발발하면서 최악을 맞이했다. 이 사태로 인해 북부 지역은 가장 심각한 타격을 받았고, 다른 지역도 영향을 받았다. 수십만 에티오피아인들의 죽음, 방대한 규모의 인프라 파괴, 국가의 정당성에 대한 도전, 그리고 멜레스가 주관하던 엘리트 인종 협상의 종말은 에티오피아가 "아프리카의 중국"으로 부상할 가능성에 낙관적이었던 분위기에 갑작스러운 침묵을 가져왔다.[68]

## 메뚜기떼, 생태학적 위기

이것이 바로 오늘날 가난한 국가가 처한 구조적 환경이다. 지난 몇 년 동안의 혼란이 있기 전에도, 그것은 일반적으로 알려진 것보다 훨씬 덜 행복한 그림이었다. 그러나 앞으로 수십 년 동안 생태학적, 그리고 인구통계학적인 두 개의 역풍이 세계 발전의 전망을 더욱 악화시킬 가능성이 있다.

기후와 관련된 혼란이 가난한 세계에 미치는 영향은, 그중에서도 특히 농업에 미치는 영향은 이미 상당한 수준이다. 아프리카의 뿔(Horn of Africa·소말리아 반도)에 있었던 고난을 생각해 보라. 2010년대 후반, 인도양의 서쪽과 동쪽 수역 사이의 수면 온도가 불규칙하게 요동치는 현상인 '인도양 다이폴Indian Ocean Dipole'이 점점 더 뚜렷해졌다. 2019년 상반기에는 1870년 이후 가장 강한 양성 국면positive phase[69]에 접어들기도 했다. 아라비아 반도와 동아프리카는 우기와 홍수를 장기간 겪었다. 그 결과 사우디아라비아의 남쪽 사막에 방대한 양의 물이 축적되면서 이집트 땅메뚜기desert locust의 거대한 번식지가 형성됐다. 이러한 번식지에서 거대한 메뚜기 떼가 발생해 아라비아를 가로질러 남쪽의 동아프리카로, 그리고 북쪽의 남아시아로 퍼져나갔다. 메뚜기 떼가 엄청난 양의 작물을 먹어 치우면서 이들 모든 지역의 농업을 사정없이 파괴했는데, 그중에서도 특히 소말리아, 에티오피아, 예멘 등의 나라에 심각한 타격을 가했다. 이들 지역은 전쟁으로 인해 그 피해를 복구하기도 어려웠다. 수백만 헥타르의 땅에 메뚜기가 창궐했다. 케냐에서 발생한 비정상적으로 거대한 메뚜기 떼는 900제곱마일 이상의 면적을 차지했는데, 이는 뉴욕시보다 약 세 배나 더 큰 규모다. 2021년과 2022년에 메뚜기의 위기가 잦아들자 동태평양의 라니냐La Niña 현상이 반복적으로 발생하면서 이 지역에 심각한 가뭄을 초래했다. 일부 지역은 수십 년 만에 가장 건조한 우기를 맞았다. 기근 경보가 발령됐고, 인도주의 단체들은 1500만 명 이상의 주민들이 위험에 처해 있다고 주장했다. 이러한 기후 재난의 강도가 점점 더 커지고 있다. 아프리카의 뿔은 어느 해에는 지나치게 많은 비가 내리고 그다음 해에는 전혀 비가 내리지 않는 현상이 반복될 운명인 것처럼 보인다.

다른 가난한 지역들도 악화하는 생태학적 위기에 의해 비슷하게 영향을 받을 것이다. 벵골만 연안, 서아프리카 해변, 또는 동남아시아 해역 등의 해안 지역들은 쉽게 물에 잠길 수 있다. 주로 저지대와 강변으로 이뤄진 방글라데시 영토의 상당 부분은 앞으로 수십 년 이내에 바스라, 방콕, 뭄바이와 같은 대도시의 주요 부분과 함께 물에 잠길 수 있다. 다른 곳에서는 홍수가 더욱 빈번하고 극심해질 것이다. 2022년에 파키스탄, 아프가니스탄, 서아프리카에서 발생해 수백만 명의 이

재민을 발생시켰던 심각한 홍수는 앞으로 다가올 일의 징후다. 또 다른 지역은 점점 더 견딜 수 없는 열기에 직면할 것이다. 2022년 봄에 화씨 100도(섭씨 38도)가 넘는 날이 무려 78일이나 이어졌던 델리처럼, 수많은 지역은 사실상 인간이 거주하기에 부적합한 지역으로 바뀔 것이다. 인도의 극심한 폭염 횟수는 21세기 말이 되면 30배까지 증가할 것으로 예상된다. 중간 수준의 온실가스 배출량 시나리오조차도 2100년에는 인도네시아, 필리핀, 스리랑카의 대규모 지역이 어쩌면 매년 350일 이상의 치명적인 폭염을 마주할 것이라 예측한다. 사실상 인도와 나이지리아는 사실상 전역에서 100일이 넘는 끔찍한 폭염을 경험할 것이다.[70]

이러한 생태학적 혼란은 가난한 세계의 상당 지역에 엄청나게 파괴적일 것이다. 점점 더 흔해지는 가뭄, 홍수, 흉작은 국가의 농업 체계를 위태롭게 하면서 탈농업화를 심화시키고 사회적 불안정을 더욱 부채질할 것이다. 아프가니스탄이나 소말리아와 같은 일부 국가들은 거대하고, 점점 더 증가하고 있는 인구를 먹여 살리는 일이 구조적으로 불가능해질 것이며, 따라서 외국의 원조에 영구적으로 의존하게 될 것이다. 다른 지역에서는 생태학적 혼란이 기존의 폭력을 더욱 가속화할 것이다. 가뭄과 토지의 침식은 이미 수단과 동아프리카에서 인종 갈등을 심화시켰다. 나이지리아와 사헬에서는 농부와 목축업자들 사이의 갈등이 치명적인 양상으로 번지고 있으며, 이는 점차 더 부족해지는 토지와 수자원을 둘러싼 유목민과 정착 생활을 하는 농업인 사이의 경쟁으로 인해 더욱 심각해지고 있다. 비록 이곳의 정치적 중요성이 불분명하다는 이유로 서방에서는 자주 경시되곤 하지만 말이다. 2018년에는 이러한 농부와 목축업자들의 충돌로 인해 보코하람 반란 당시보다도 무려 여섯 배나 많은 나이지리아인이 죽었다.

## 저출생과 인구 폭발의 공존

세계 발전이 직면할 또 다른 중요한 역풍은 인구통계학적인 것으로, 부유한 나라 및 중진국의 인구 감소와 가장 가난한 국가들에서의 인구 폭증이 동시에 발생하는 일이다. 거의 모든 부유한 국가들이 낮은 사망률과 낮은 출산율의 평형 상태로 진입해 장년층의 인구가 지배적인 상황으로 전환됐다는 사실은 널리 알려져 있다. 일본이나 이탈리아와 같은 나라들은 이미 인구가 줄어들고 있는 반면에, 독일이나 프랑스와 같은 나라들은 대규모의 이주를 통해서 인구 감소를 막고 있다. 그러나 최근 몇 년 동안 동일한 인구통계학적 전환이 훨씬 덜 개발된 국가들로까지 확산하고 있다. 따라서 인구통계학적 감소는 부유하지 않은 세계에 "너무 일찍" 영향을 준 현상의 목록에 추가될 수 있다. 브라질의 출산율은 2004년에 인구 대체 수준replacement level[71] 미만으로 떨어졌다. 레바논은 2005년, 콜롬비아는 2009년, 말레이시아는 2016년, 엘살바도르는 2018년, 튀르키예는 2020년에 그 미만으로 떨어졌다. 1970년대 초에 여성 1인당 출산율이 6.9명이었던 방글라데시는 2018년에 대체 수준 미만으로 떨어졌으며, 멕시코와 페루, 아르헨티나, 인도도 조만간 그 뒤를 따를 것으로 보인다.[72] 이러한 인구통계학적 전환의 결과는 충격적일 것이다. 2055년이 되면 브라질의 중위 연령median age은 현재 독일의 수준과 동등할 것으로 보이며, 태국은 현재의 일본 및 이탈리아보다 몇 년이나 연령이 높은 연금 수령자 사회가 될 것이다.

인구 고령화 및 저출생으로 인해, 이런 나라들의 상당수는 인구가 급격히 줄어들고 있다. 태국은 2020년대 말에 감소가 시작될 것이며, 브라질은 2040년대, 튀르키예와 인도네시아는 2050년대부터 시작될 것이다. 한편, 중국은 그토록 엄청난 인구가 오히려 그 쇠퇴에 놀라운 가속도를 더할 것이다. 중국의 인구는 2030년대 초에 감소하기 시작할 것으로 예상된다. 중국은 21세기 중반 이후로는 급격한 위축을 경험할 것이다. 2070년대가 되면 10억 명 이하로 떨어질 중국의 인구는 그 이후로 감소세가 더욱 가속화돼서 2080년대가 되면 사망 수가 출생 수보다 1억 명이 더 많을 것이다.

지구상에서 이러한 인구통계학적 감소가 덜 두드러지

는 곳은 개발이 가장 덜 된 지역이기도 하다. 사하라 사막 이 남의 아프리카에서는 사망률이 상당히 감소했고 출생률은 미미한 수준으로 감소했다. 아프리카의 사망률은 아직 매우 높긴 하지만, 아프리카의 거의 모든 나라에서 지난 수십 년 동안 사망률이 급격히 떨어졌다. 예를 들어서, 시에라리온에서는 평균 사망 연령이 1960년의 32세에서 2020년에는 55세로 증가했다. 오직 에이즈 풍토병 문제를 겪는 레소토만 1980년보다 현재의 기대 수명이 더욱 낮을 뿐이다.[73] 그러나 출생률의 감소는 좀 더 느리게 따라왔다. 니제르는 1980년에 여성 1인당 7.8명에서 현재 6.7명으로, 나이지리아는 6.8명에서 5.2명으로, 말리는 7.2명에서 5.7명으로, 앙골라는 7.5명에서 5.4명으로, 우간다는 7.1명에서 4.7명으로, 수단은 6.8명에서 4.3명으로 감소했다.[74] 이런 극심한 불균형 때문에 아프리카의 국가들은 인류 역사에서 가장 가파른 수준의 인구 증가율을 기록했다. 1950년에 겨우 250만 명이었던 니제르의 인구는 2020년이 되자 무려 열 배로 늘어나서 2430만 명이 됐다.[75] 이는 영국이 1640년부터 2000년까지 기록한 인구보다 훨씬 더 큰 비율로 증가한 것이다.[76]

다가오는 수십 년 동안, 이런 빈곤한 지역의 인구는 더욱 급증할 것으로 예상된다. 예를 들어서, 니제르는 2070년에 1억 700만 명의 인구에 달할 것이다. (만약 그렇게 된다면, 니제르는 지난 120년 동안 대략 4100퍼센트의 인구 증가를 기록하게 될 텐데, 이는 서기 1000년대 전체 기간에 걸친 영국의 인구 증가세를 뛰어넘는 수준이다.) 1980년에 700만 명이었던 말리의 인구는 약 6500만 명이 될 것이다. 우간다는 1억 1000만 명 이상, 소말리아는 5000만 명이 조금 넘을 것이다. 이 지역에서 영토가 가장 넓은 나라들인 나이지리아, 에티오피아, 콩고민주공화국, 탄자니아는 세계 최대의 인구 대국이 될 것이다. 2070년에 나이지리아의 인구는 약 4억 7500만 명, 콩고민주공화국은 3억 1500만 명, (현재 미국보다 연간 출생아 수가 많은) 에티오피아는 거의 2억 7500만 명, 그리고 탄자니아는 약 1억 8000만 명이 될 것으로 보인다. 예전의 아프리카는 전염병, 노예 제도, 식민지화로 인해 오랫동안 과소 인구였다. 예를 들어 1950년 아프리카 전체의 인구 밀도는 현재의 러시아보다도 낮을 정도였다. 그랬던 아프리카의 전체 인구는 이후 지속적으로 증가해 2000년대 말에 10억 명을 돌파했다. 2070년에는 전 세계 인구의 3분의 1에 가까운 30억 명 이상으로 늘어날 것이다.[77]

이러한 급속한 인구 증가는 아프리카 국가의 주요 문제를 더욱 심화시킬 것이다. 바로 사회적, 정치적 불안정을 부추기는 수많은 청년 실업자, 특히 남성 실업자의 문제다. 물론 젊은 인구가 많은 것이 그 자체로 나쁜 것은 아니다. 중국이나 한국처럼 급속도로 산업화에 성공한 나라에서는 젊은 인구가 요긴하게 작용했는데, 그들을 고용하는 것은 젊은 에너지를 긍정적인 방향으로 전환하는 아주 좋은 수단이었다. 싱가포르는 1965년의 중위 연령이 2020년의 모잠비크보다 낮았지만, 그런 역경을 불안하지 않게 견뎌냈다.[78] 그러나 실현 가능한 발전 방향이 없는 나라에 이처럼 역전된 연령의 피라미드는 저주다. 지난 수십 년 동안 실질적인 발전이 거의 없었던 경제권의 대규모 청년 실업자들은 아프리카 대륙에서 되풀이되고 있는 정치사회적 위기를 더욱 악화시키기만 할 뿐이다. 최악의 경우, 점점 불어나는 하야틴의 수는 보코하람이나 알-샤바브와 같은 폭력 단체의 매력을 더해줄 것이다. 이미 취약한 나라의 내부 갈등은 더욱 악화할 것이다.

아프리카를 제외한 전 세계 인구가 장기간의 둔화 또는 감소의 단계로 진입하고 있고, 아프리카의 인구는 장기간의 놀라운 폭증세를 보이는 가운데, 세계의 발전과 빈곤 감소의 미래는 아프리카의 미래에 달려있을 것이다. 과거에는 동아시아 경제의 이례적으로 강력한 성과가 다른 지역의 덜 인상적인 결과를, 특히 아프리카 국가들 사이의 저조한 성적을 통계적으로 보완해 줬다. 아프리카 국가들의 상당수는 비록 보건 수준이 개선되긴 했지만, 1980년대보다 지금이 실질적으로 부유하다거나 경제적으로 더욱 발전했다고 말하기 힘들다. 그러나 동아시아의 인구가 감소함에 따라, 빈곤 통계의 대륙 간 보상 효과는 더 이상 유지되지 않을 것이다. 사하라 사막 이남 아프리카에서는 실질적인 경제 발전이 거의 이뤄지지 않았다. 따라서 급속한 인구 증가는 "빈곤의 감소"와 전반적인 세계 발전에 있어서 앞으로 암울한 수십 년이 펼쳐짐을 의미할 것이다.

## 위기를 직면하기

빈곤국 대부분의 발전 정체, 생태학적 위기, 선진국의 인구 감소, 그리고 최빈국의 인구 증가까지, 이들의 폭발적인 조합은 어떤 결과를 가져올까? 미국과 유럽의 인구가 고령화되고, 중국의 경제가 저성장 기조에 접어든 것으로 보이는 상황에서 가난한 경제를 구원할 또 한 번의 글로벌 원자재 호황이 일어날 가능성은 멀어 보인다. 지금의 상황은 2005년이나 1965년의 세계와는 다르다. 2010년대 벌어진 다양한 이민 위기, 그리고 그에 따른 정치적 반발로 인해 계속해 증가하는 대량 이주 현상은 앞으로 일어날 일에 대한 전조 현상일 뿐이다. 신기술은 이동을 더욱 편리하며 매력적으로 만들었고, 사회경제적 변화는 전통적인 공동체에 묶여 있던 사람들을 해방시켰다. 경제적 출세를 위한 실질적인 기회가 없는 (나이지리아의) 이바단이나 (앙골라의) 루안다와 같은 도시에 사는 사실상 세계화 된 젊은이들에게는, 설령 위험이 있다 하더라도 이주를 하는 것이 아주 논리적인 계산이다. (이들 국가의 극빈층은 국내 이주를 할 가능성이 크다.) 일부 지역의 홍수나 다른 곳의 가뭄과 같은 기후 관련 재해는 이러한 암울한 계산을 더욱 자극할 것이다. "기후 난민"과 "경제적 이주"의 경계는 매우 모호하며, 결국엔 주관적인 의미 차이다.

이에 대응하여 단지 유럽만이 아니라 남아프리카와 같은 부유한 아프리카 국가들까지, 부유한 지역 정부는 이주 가능성을 줄이고자 할 것이다. 이러한 미래의 모습은 철조망, 국경의 장벽, 이민자 구금 시설 중 하나일 것이다. 다만, 대중의 여론을 의식하는 서방의 정권들은 유럽연합이 모로코 및 니제르와 함께 진행했던 것처럼 이러한 프로그램을 덜 양심적인 "파트너들"에게 점점 더 아웃소싱 할 것이다.[79]

가난한 세계의 사람들이 이주할 기회를 줄이려는 많은 시도에도 불구하고, 실질적인 세계 발전으로의 복귀 없이는 이주에 대한 엄청난 수요를 줄일 방법은 없을 것이다. 만약 20세기의 문제가 듀 보이스Du Bois의 말처럼 색상선(color line · 흑백 차별)이었다면, 21세기의 문제는 국경선border line의 문제일 것이다. 엘리트들 사이에서는 (부유한 국가에는 젊은 노동자가 너무 적고, 가난한 나라에는 너무 많다는) 대량 이주에 대한 순수한 경제적 논리가 정치에 대한 깊은 불신 및 그것이 조장하는 심각한 사회적 문제들과 비견될 것이다. 그러나 인구의 이동이 (어떤 식으로든) 성공적으로 이뤄지더라도, 글로벌 경제 시스템이 세계의 최빈국을 의미 있게 발전시키지 못한 것의 일부만을 보상할 수 있을 것이다.

그렇다면 가난한 세계에서, 특히 아프리카에서의 산업화에 대한 필요성과 불가능성을 동시에 고려한다면 그다음은 어떻게 되는 것일까? 서구의 엘리트는 답을 갖고 있지 않다는 것이 현실이다. 그들은 글로벌 탈산업화의 이후에 그들이 가난한 세계에 제공할 수 있는 새로운 발전주의developmentalism를 만들어 내지 못했다. 새로운 패러다임이 없는 상태에서 그들은 새로운 무작위 대조 시험을 하거나 가끔씩 발전 전문가와 함께 세미나를 진행할 수는 있다. 그러나 그 모든 것이 혼란스럽기 때문에, 맹인이 맹인을 이끌어 가고 있는 형국이다. 실제로 엘리트 "발전 공동체"의 지적 고갈은 가늠하기 어렵다. 자유 무역, 민주화, "포용적 제도inclusive institution"라고 불리는 모호한 것에 대한 가치 부여 등, 지난 수십 년의 진부한 정통 교리를 여전히 신봉하는 상위 계층은 자신들에게 실질적인 답이 없다고 솔직하게 인정하는, 조금 더 겸손한 유형의 사람들과 불안하게 공존하고 있다.

한편에서는 야심 차면서도 미래 지향적이지만, 다른 한편에서는 현실에 기반을 둔, 새로운 개발 프레임 워크가 절실히 필요하며 그 범위는 가난한 세계와 부유한 세계 모두를 포함해야 한다. 이를 위해 가난한 국가들은 정부 차원에서 많은 노력을 기울여야 한다. 최소한, 발전 지향적인 엘리트로 구성된 새로운 동맹으로 수탈적인 지대 추구 세력을 대체해야 할 것이다. 국가의 역량을 재건하려는 노력, 외국 기관에 대한 거버넌스의 아웃소싱을 줄이려는 의식적인 시도가 있어야 한다. 식량의 자급자족을 위한 토지 개혁과 농업의 현대화가 필요하다. 그리고 손상된 사회 구조를 개선하고 폭력에 대한 국가의 독점을 회복하는 등, 질서의 재구축도 필요하다. 이를 위해서는 아마도 상징적인 재건국 과정을 거쳐야 할 것이다. 지리적 장애를 해결하기 위한 국제 교통 인프라 역시 상당히 개선될 필요가 있다. 공직 역량이 개선되는 것 역시 필수적인데, 이를 위해서는 단순히 조직의 개혁만이 아닌 신중한 문화적 개혁도 필요하다. 산업화 초기의 중국이 노동력 풀을 강력하게 만들었던 것과 유사하게 대규모의 공중 보건 및 교육 프로그램을 실시해야 한다. 그리고 (아마도 희토류 금속에 대한 일종의 OPEC과 같은 형태의) 다자간 협력에서부터 모든 니켈 수출은 자국 내에서 처리돼야 한다는 인도네시아의 협약처럼, 자원의 잠재력을 활용해 가치 사슬을 산업화할 수도 있을 것이다. 과거의 접근법을 개선하려는 의식적이며 집중적인 산업 정책을 추구해야 한다. 이러한 노력이 모두 필요하다. 확실히 이러한 의제는 야심 차다. 이를 위해서는 적어도 수많은 서방의 개발 전문가들을 내쫓아야 할 것이고, 어쩌면 심지어 글로벌 시스템의 일부에서 전략적으로 철수해야 할 수도 있다. 이러한 노력은 굉장히 까다로워 보이지만, 19세기 오스만 제국의 무하마드 알리 파샤Muhammad Ali Pasha나 독일의 비스마르크Bismarck부터 20세기 튀르키예의 아타튀르크Atatürk나 덩샤오핑에 이르기까지, 과거의 위대한 근대화주의자가 추구했던 프로그램과 근본적으로 유사하다.

그러나 이러한 변화도 현재의 세계 질서 내에서 일어난다면 아무 소용도 없을 것이다. 주변부만이 아니라, 반드시 중심부가 변해야 한다. 가난한 세계의 발전주의자들은 부유한 국가도 발전시키겠다는 새로운 책무를 충족시킬 필요가 있다. 이를 위해서는 주도적인 경제권에서도 새로운 엘리트 연합이 필요할 수 있다. 최근 수십 년 동안의 침체와 산업적 쇠퇴를 역전시키기 위해 미국이 추진하는 내수 생산 혁명이나, 중국의 가계 소비를 늘리기 위한 노력이 여기에 해당한다. 또한, 글로벌 경제 거버넌스의 대대적인 재편성이 필요할 수도 있다. 가장 분명한 것은, 과거에 성공적으로 산업화를 달성한 이들이 실행했던 전략들을 금지하거나 제한하는 TRIPs[80] 및 TRIMs[81]와 같은 WTO의 협정처럼, 국가 산업 정책의 범위를 제한해 왔던 글로벌 자유 무역의 인프라가 조정될 필요가 있다는 점이다. 또한, 수많은 신흥 시장에 피해를 줬던 호황과 불황의 사이클을 방지하고 경제 정책에 대한 일부의 자율성을 가난한 세계의 정책 입안자들에게 돌려주기 위해 IMF의 글로벌 준비금 제도reserve system와 가난한 나라들에 대한 특별 인출권SDR 할당을 재편해야 한다. 또한, 국제적 통화의 흐름을 규제하기 위해 새롭고 신뢰성 있는 브레턴 우즈 체제의 프레임 워크가 필요할 것이다.

물론 위기에 위기를 더하는 상황에서 새로운 세계 발전의 황금기는 먼 미래의 일처럼 보인다. 국내외적으로 필요한 구조적 개혁은 어쩌면 기존의 협정을 무너뜨릴 정도로 구부릴 것이다. 위기에서 위기로 옮겨 다니며, 바닥이 드러나지 않도록 단기적인 치료제를 뿌리는 데 익숙한 분열된 지구의 수호자에게는 (이러한 제안이) 설득력이 없을 수 있다. 만약 우리의 제안이 뭔가 공상적이며 "비현실적인" 것이라고 주장한다면, 그러니까 문제의 말미에 제멋대로의 희망을 덧붙여서 세계의 상황에 대한 암울한 평가를 만회하려고 시도하는 것이라고 말한다면, 아마도 이런 조언이 필요할 것이다. 지금 상황에 지극히 현실적인 관점만 취한다면, 메두사의 두 눈을 들여다보기만 한다면, 우리는 그저 돌로 변할 것이라 말이다.

주

1 _ 해제 준비 과정에서 여러 차례 귀중한 조언을 선사해 주신 오석주(컬럼비아대학교 역사학과 박사 과정), 최영찬 선생님(옥스포드대학교 한국학 강사), 그리고 본 기획이 실현될 수 있도록 앞장서 주신 김혜림 에디터에게 깊이 감사 드린다.

2 _ 경제학의 "단순화"와 경제 이론의 빈곤에 대한 내용은 에릭 S. 라이너트(Erik S. Reinert) 다음 논문을 참조하라.
Erik S. Reinert, 〈The Terrible Simplifiers: Common Origins of Financial Crises and Persistent Poverty in Economic Theory and the New '1848 Moment,'〉, 《United Nations Department of Economic and Social Affairs Working Paper》 (88), 2009.

3 _ 로스토에 대해서는 다음을 참조하라.
David Milne, 《America's Rasputin: Walt Rostow and the Vietnam War》, Hill and Wang, 2008, pp. 60-66.
칼도어와 프레비시에 대해서는 다음을 참조하라.
John Toye and Richard Toye, 《The UN and Global Political Economy: Trade, Finance, and Development》, Indiana University Press, 2004.

4 _ Dani Rodrik, 〈Unconditional Convergence in Manufacturing〉, 《Quarterly Journal of Economics》 128(1), 2013, pp. 165-204.

5 _ Jesus Felipe, Aashish Mehta, and Changyong Rhee, 〈Manufacturing Matters… But It's the Jobs That Count〉, 《Asian Development Bank Working Paper》 420, 2014.

6 _ (역주) 대약진운동

7 _ (역주) 문화대혁명

8 _ Our World in Data, 〈Life Expectancy vs. GDP per Capita, 1980〉.

9 _ Our World in Data, 〈GDP per Capita, 1978 to 1987〉.

10 _ Our World in Data, ⟨Gross Domestic Product (GDP), 1978 to 1987⟩, World Bank Poverty and Inequality Platform, ⟨Country Profile: China⟩.

11 _ Albert O. Hirschman, 《The Strategy of Economic Development》, Yale University Press, 1958.

12 _ World Bank Poverty and Inequality Platform, ⟨Country Profile: China⟩.

13 _ World Bank Poverty and Inequality Platform, ⟨Country Profile: China⟩. 데이터를 활용하여 직접 계산했다.

14 _ World Bank Poverty and Inequality Platform, ⟨Poverty Calculator: Bangladesh, China, Peru, Kenya, Argentina, Côte D'Ivoire, India⟩. 참고로 이것은 중위 소득 수치를 사용하고 있다.

15 _ Dani Rodrik, 《The New Global Economy and Developing Countries: Making Openness Work》, Overseas Development Council, 1999, pp. 68-72.

16 _ World Bank Data, ⟨GDP per Capita (Constant 2015 USD)—Brazil, United Kingdom, France⟩. 데이터를 활용하여 직접 계산했다.

17 _ Richard Toye and John Toye, 《The UN and Global Political Economy》, Indiana University Press, 2004, pp. 176-177.

18 _ Lawrence R. Alschuler, 《Multinationals and Maldevelopment Alternative Development Strategies in Argentina, the Ivory Coast and Korea》, Macmillan Press, 1988, p. 69.

19 _ (역주) 고대 그리스 비극에 등장하는 예언가로, 주로 불길한 예언을 하는 사람을 일컫는다.

20 _ Lyndon Johnson, ⟨Toasts of the President and President Houphouet-

Boigny of the Ivory Coast〉, The American Presidency Project.

21 _ (역주) 루이 15세의 정부였던 퐁파드르 여후작(Madame de Pompadour)은 프랑스가 1757년에 프로이센과 벌인 로스바흐 전투(Battle of Rossbach)에서 패배하자 루이 15세를 위로하며 "나중에 홍수가 나더라도 우리가 있잖아요(Au reste, après nous, le Dèluge)"라고 말했다고 한다. 하지만 이 전투의 패배로 프랑스가 아메리카 대륙의 식민지를 영국에게 빼앗기고 나라가 사실상 파산하게 되면서, 이런 표현은 나중의 일은 신경 쓰지 않고 될 대로 되라고 처신하는 사고방식을 비판하는 관용구가 되었다. 칼 마르크스도《자본》에서 이 표현을 인용하여 자본주의를 비판했다. 이 글에서는 마르크스를 재인용한 것으로 보인다.

22 _ Trading Economics, 〈Lumber〉, 〈Copper〉, 〈Coffee〉, 〈Sugar〉.

23 _ Our World in Data, 〈Change in GDP per capita, 1960 to 2000〉.

24 _ 이러한 사건들과 관련해서는 수많은 자료가 존재한다. 그중에서 가치 있는 문헌들은 다음과 같지만, 여기에만 한정되진 않는다. 몽골 및 글로벌 "원시화"의 역학에 대해서는 다음을 참조하라. Erik S. Reinert,《Globalization, Economic Development and Inequality: An Alternative Perspective》, Edward Elgar Publishing, 2004, pp. 157 - 214. 중앙아프리카의 발전에 대해서는 다음을 참조하라. Jason Stearns, 《Dancing in the Glory of Monsters: The Collapse of the Congo and the Great War of Africa》, PublicAffairs, 2011. 공산주의 붕괴 이후의 역학에 대해서는 다음을 참조하라. Lincoln C. Chen, Friederike Wittgenstein and Elizabeth McKeon, 〈The Upsurge of Mortality in Russia: Causes and Policy Implications〉, 《Population and Development Review》 22(3), 1996, pp. 517 - 530. 앙골라에 대해서는 다음을 참조하라. Victoria Brittain,《Death of Dignity: Angola's Civil War》, Pluto Press, 1998; Alice H. Amsden,《Escape from Empire: The Developing World's Journey Through Heaven and Hell》, MIT Press, 2009. 콜롬비아에 대해서는 다음을 참조하라. Forrest Hylton,《Evil Hour in Colombia》, Verso Press, 2006. pp. 67 - 78. 알제리에 대해서는 다음을 참조하라. Hugh Roberts,《The Battlefield, Algeria 1988 - 2002: Studies in a Broken Polity》, Verso Press, 2017. 사헬 지역의 대표적인 역학에 대해서는 다음을 참조하라. Ousmane Sidibe, 〈The Malian Crisis〉, 《New Left

Review〉, November/December 2013. 아이티에 대해서는 다음을 참조하라. Paul Farmer, 《The Uses of Haiti》, Common Courage Press, 2005.

25 _ Giovanni Arrighi, 〈The African Crisis: World Systemic and Regional Aspects〉, 《New Left Review》 May/June 2002. 또한 다음을 함께 참조하라. Colin Leys, 〈Confronting the African Tragedy〉, 《New Left Review》 March/April 1994.

26 _ Rahmane Idrissa, 〈The Sahel: A Cognitive Mapping〉, 《New Left Review》 November/December 2021.

27 _ Dani Rodrik, 〈Premature Deindustrialization〉, 《Journal of Economic Growth》 21, 2016, p. 20.

28 _ Jesus Felipe, Aashish Mehta, and Changyong Rhee, 〈Manufacturing Matters… But It's the Jobs That Count〉, 《Asian Development Bank Working Paper》 420, 2014, pp. 1-3.

29 _ 애런 베나나브(Aaron Benanav)의 표현이다. Aaron Benanav, 〈Automation and the Future of Work—1〉, 《New Left Review》 September/October 2019.

30 _ (역주) 2차 세계 대전 이후 1980년대까지 식량 생산의 극대화를 위해 진행됐던 흐름.

31 _ 일부 국가에서는 농업 구조 조정의 이러한 두 가지 현상이 서로 중복돼 나타나기도 했다.
Joshua Eisenman, 《Red China's Green Revolution: Technological Innovation, Institutional Change, and Economic Development Under the Commune》, Columbia University Press, 2018.

32 _ 농업의 광범위한 위기에 대해서는 다음을 참조하라. Marcel Mazoyer and Laurence Roudart, 《A History of World Agriculture: From the Neolithic Age to the Current Crisis》, Monthly Review Press, 2006. 아이티의 토양 퇴화에 대해서는

다음을 참조하라. Remy N. Bargout and Manish N. Raizada, 〈Soil nutrient management in Haiti, pre-Columbus to the present day: lessons for future agricultural interventions〉, 《Agriculture & Food Security》 2(11), 2013, pp. 1 - 20. 일반적인 사막화와 침식에 대해서는 다음을 참조하라. J. R. McNeill, 《Something New Under the Sun: An Environmental History of the Twentieth-Century World》, Norton, 2000, pp. 43 - 49.

33 _ 계절형 이주와 영구적 이주 사이의 연관성은 4000제곱미터 넓이에 수천 명이 밀집한 안나와디(Annawadi)의 형성에서 찾아볼 수 있다. 안나와디는 뭄바이 국제 공항의 활주로를 수리하기 위해 타밀 나두(Tamil Nadu)에서 계절형 노동자들이 유입되면서 만들어졌는데, 당시의 공사 목적은 공항 부지의 습지를 거주지로 바꾸는 것이었다. 안나와디에 대해서는 다음을 참조하라. Katherine Boo, 《Behind the Beautiful Forevers: Life, Death, and Hope in a Mumbai Undercity》, Random House Trade Paperbacks, 2014.

34 _ World Bank Data, 〈Urban population (% of total population) - Middle East & North Africa, Latin America & Caribbean, South Asia, East Asia & Pacific, Sub-Saharan Africa〉. World Bank Data, 〈Urban population— Middle East & North Africa, Latin America & Caribbean, South Asia, East Asia & Pacific, Sub-Saharan Africa〉.

35 _ World Population Review, 〈Uíge Population 2022〉. World Population Review, 〈Uyo Population 2022〉.

36 _ (역주) 2021년 말 기준 98만 4748명

37 _ Mike Davis, 《Planet of Slums》, Verso, 2006, p. 199.

38 _ 참고로 여기에서는 비응집(non-agglomerated) 광석을 계산에 포함했다. Harvard Atlas of Economic Complexity, 〈What Did Brazil Export between 1995 and 2020〉.

39 _ (역주) 원유의 생산 가치와 생산 비용의 차이

40 _ World Bank Data, 〈Oil rents (% of GDP) – Brazil〉, World Bank Data, 〈Mineral Rents (% of GDP)—Brazil〉.

41 _ Harvard Atlas of Economic Complexity, 〈Country & Product Complexity Rankings〉.

42 _ David Pilling, 〈How Nigeria's State Lost the Trust of Its Citizens〉, 《Financial Times》, 2022. 9. 19.

43 _ Norimitsu Onishi, 〈Portugal Dominated Angola for Centuries. Now the Roles Are Reversed〉, 《New York Times》, 2017. 08. 22.

44 _ World Bank Poverty and Inequality Platform, 〈Country Profile: Brazil〉.

45 _ "서비스 주도의 발전" 모델에 대한 간략하지만 유용한 개요는 다음을 참조하라. Tim Barker, 〈The End of Development〉, 《Dissent》 Spring 2021.

46 _ Jan Breman, 《Wage Hunters and Gatherers: Search for Work in the Urban and Rural Economy of South Gujarat》, Oxford University Press, 1994.

47 _ Prachi Salve, 〈Data Check: 90% of Jobs Created in India after Liberalisation Were in the Informal Sector〉, Scroll, 2019. 05. 10.

48 _ Malcolm Potts, Aafreen Mahmood, and Alisha A. Graves, 〈The Pill is Mightier Than the Sword〉, 《International Journal of Health Policy Management》 4(8), 2015, p. 508.

49 _ Sharat Pradhan, 〈Desperate 2.3 Million Indians Apply for 368 Low-Level Government Jobs〉, Reuters, 2015. 09. 18.

50 _ Guarav Joshi, ⟨Qatar Airways Mumbai Recruitment Draws Huge Crowds, Applicants Sent Away⟩, Simple Flying, 2022. 09. 30.

51 _ Guilherme Leite Gonçalves and Lena Lavinas, ⟨Rentier Brazil⟩, 《New Left Review》, 2022. 01. 19.

52 _ J. P. Koning, ⟨Ponzis and Bitcoin as a Response to a Bad Economy: The case of Nigeria⟩, Moneyness, 2021. 02. 22.

53 _ Chelsea Barabas, ⟨Bitcoin's Rise in African Markets is Driven by an Old Russian Ponzi Scheme⟩, Quartz, 2017. 10. 13.

54 _ 르완다의 "뛰어넘기(leapfrogging)" 시도에 대한 사례로는 다음을 참조하라. Proto, ⟨Canadian AI firm Proto Invests $1M in Rwanda for Africa Expansion⟩. 르완다의 낮은 인구 1인당 생산량에 대해서는 다음을 참조하라. World Bank Data, ⟨GDP per Capita, PPP (Constant 2017 International $)—Rwanda, Haiti, Vanuatu⟩.

55 _ Pritish Behuria and Tom Goodfellow, ⟨Leapfrogging Manufacturing? Rwanda's Attempt to Build a Services-Led 'Developmental State'⟩, 《The European Journal of Development Research》 31, 2018, p. 600.

56 _ World Bank Data, ⟨International Migrant Stock, Total⟩.

57 _ World Bank Data, ⟨Personal Remittances, Received (% of GDP)—El Salvador, Philippines, Kosovo, Nepal, Jamaica, Uzbekistan, Guatemala⟩. 케랄라의 해외 송금액 의존에 대해서는 다음을 참조하라. Justin Sunny, Jajati K. Parida, and Mohammed Azurudeen, ⟨Remittances, Investment and New Emigration Trends in Kerala⟩, 《Review of Development and Change》 25(1), 2020, pp. 5 – 29.

58 _ Dani Rodrik, ⟨Prospects for Global Economic Convergence under New Technologies⟩, Brookings Institution Global Forum on Democracy and

Technology, 2022, pp. 77 – 78.

59 _ World Bank Data, 〈Medium and High-tech Exports (% Manufactured Exports) – Vietnam, Bangladesh, China〉,

60 _ Alex Hochuli, 〈The Brazilianization of the World〉, 《American Affairs》5(2), 2021, pp. 93 – 115.

61 _ 부동산 위주의 지대 추구 세력들이 장악한 "작당 도시"로서의 뭄바이에 대해서는 다음을 참조하라. Patrick Heller, Partha Mukhopadhyay, and Michael Walton, 〈Cabal City: Urban Regimes and Accumulation without Development〉, 《Business and Politics in India》, Oxford University Press, 2019, pp. 151 – 82.

62 _ Aflan Gelb et al., 〈Can Africa Be a Manufacturing Destination? Labor Costs in Comparative Perspective〉, 《Center for Global Development Working Paper》 466, 2017.

63 _ (역주) 에드먼드 윌슨(Edmund Wilson)

64 _ Edmund Wilson, 《The Forties》, Straus and Giroux, 1987, p. 290; William Borders, 〈Kinshasa: Streets Safer, but Oh, the Graft〉, 《New York Times》, 1970. 06. 27.

65 _ Rahmane Idrissa, 〈The Sahel: A Cognitive Mapping〉, 《New Left Review》 November/December 2021, p. 36.

66 _ Our World in Data, 〈Change in GDP per Capita〉. 중국 산업화의 가장 빠른 부분과 마찬가지로 이러한 성장은 상당히 불균형했으며, 전반적으로 빈곤 감소는 다소 미미했다는 점을 언급할 필요가 있다. 2004년부터 2015년까지 에티오피아의 "극빈층 (extreme poverty)" 비율은 53퍼센트에서 43퍼센트로 떨어졌고, "극도로 가난한 (extremely poor)" 사람들의 수는 상승했다. World Bank Poverty and Inequality Platform, 〈Country Profile: Ethiopia〉.

67 _ 이러한 엘리트 합의의 개요에 대해서는 다음을 참조하라. Yohannes Gedamu, 《The Politics of Contemporary Ethiopia: Ethnic Federalism and Authoritarian Survival》, Routledge, 2021. 다음도 함께 참조하라. Samuel Assefa, 〈Crossing the Tekeze〉, Sidecar, 2021. 03. 10.

68 _ 예를 들자면, 다음과 같은 글이 있다. Tyler Cowen, 〈Ethiopia Already Is the 'China of Africa'〉, Bloomberg, 2018. 05. 29.

69 _ (역주) 인도양 서쪽 수역의 온도가 동쪽 수역의 온도보다 높은 현상.

70 _ Camilo Mora et al., 〈Global Risk of Eeadly Heat〉, 《Nature Climate Change》 7, 2017, p. 3.

71 _ (역주) 여성 1인당 2.1명이다.

72 _ World Bank Data, 〈Fertility Rate, Total (Births per Woman)—Brazil, Lebanon, Colombia, Malaysia, El Salvador, Türkiye〉.

73 _ World Bank Data, 〈Life Expectancy at Birth, Total (Years)—Lesotho〉.

74 _ World Bank Data, 〈Fertility Rate, Total (Births per Woman)—Niger, Nigeria, Mali, Angola, Uganda, Sudan〉.

75 _ World Bank Data, 〈Population total – Niger〉.

76 _ Our World in Data, 〈The Population of England〉.

77 _ Our World in Data, 〈Population, Including UN Projections, 1900 to 2100〉.

78 _ Our World in Data, 〈Median Age, 1950 to 2100〉. 싱가포르의 청년 인구 관리에 대한 푸코디언(Foucauldian) 분석은 에드거 린(Edgar Lin)의 다음 논문을 참조하라. Edgar Lin, 〈'Disciplined Nation': Youth as Subjects and Citizens in Singapore,

1942–1970s〉, University of British Columbia PhD dissertation, 2021.

79 _ 모로코와 유럽의 파트너십에 대해서는 샘 에드워즈(Sam Edwards)의 다음 기사를 참조하라. Sam Edwards, 〈Morocco Uses Migrants to Get What It Wants〉, 《Politico》, 2021. 05. 19. 나이지리아의 파트너십에 대해서는 피터 틴티(Peter Tinti)의 다음 아티클을 참조하라. Peter Tinti, 〈The E.U.'s Hollow Success Over Migrant Smuggling in Niger〉, The New Humanitarian, 2021. 01. 17.

80 _ (역주) 무역 관련 지식재산권에 관한 협정(Agreement on Trade-Related Aspects of Intellectual Property Rights)

81 _ (역주) 무역 관련 투자 조치에 관한 협정(Agreement on Trade Related Investment Measures)

북저널리즘 인사이드    발전은 서사 위에서
                      부활한다

알타시아Altasia, 경제 전문지 《이코노미스트》가 만든 용어다.
대체라는 뜻의 '알트Alt'와 아시아를 합친 말이다. 알타시아는
일종의 해결책으로서 등장했다. 중국을 대체함으로써 리스크
를 줄이고, 중국으로부터 방출되던 성장과 발전의 에너지는
그대로 취한다는 게 골자다. 세계의 공장이라 불리는 중국은
어마어마한 원자재를 사들이고, 무한대의 물건을 생산해 왔
다. 중국의 엔진은 멈출 것 같지 않았다. 물론 이제는 과거의
이야기다. 알타시아는 정말로 위기의 글로벌을 구해 낼 수 있
을까? 아시아를 대체하는 아시아라는 역설, 어쩌면 이 역설은
2000년대 이래 반복돼 왔던 낙관적 서사의 다른 표현일지 모
른다.

　《지구적 발전의 길고도 느린 죽음》은 2000년대 이후
쏟아져 나왔던 발전이라는 환상과 낙관을 수면 위로 올리며
출발한다. 암울한 이야기가 이어진다. 그러나 암울함에서 끝
나지는 않는다. 《지구적 발전의 길고도 느린 죽음》은 미래에
대한 불투명한 긍정과 낙관이 아닌, 저개발 국가의 잔혹하고
도 적나라한 초상을 직시하자고 제안한다. 전 세계가 그다음
의 성장 서사를 상상하고, 개발해야 한다고 말한다.

　　지구의 발전이라는 엔진은 영화 〈설국열차〉의 그것처
럼 갑자기 멈추는 종류의 것이 아니다. 제목이 말하듯, 성장과
발전은 길고도 느리게 죽는다. 《지구적 발전의 길고도 느린

죽음》의 저자 데이비드 옥스와 헨리 윌리엄스는 이 죽음의 원인으로 개발되지 못한 서사를 짚는다. '다른' 서사와 '가능한' 궤적이 사라졌기에 지구적 발전의 엔진은 서서히 가동을 멈추고 있다.

서사의 핵심은 무궁무진한 가능성이다. 사건과 사건을 연결하는 가상의 선은 직선이 될 수도, 돌고 도는 나선형의 형태를 그릴 수도 있다. 선택할 수 있는 다른 형태의 선이 없을 때 서사는 멈추고, 다른 가능성은 소멸된다. 제조업과 산업화를 통한 발전이라는 엔진은 서서히 꺼져 가는데 다음의 서사가 없다. 일시적 구호 행위나 정치적 견제는 서사를 잇기보다는 그저 일시적인 사건을 만드는 데 그친다. 저개발 국가에서 늘어나는 벽에 기댄 젊은이들(하야틴)은 전 지구의 문제가 아닌 불량 국가의 도덕적 해이, 미비한 시스템의 탓으로 치부되기 마련이다. 그러나 위기를 만든 것도, 그 위기의 몫을 감당하는 것도 결국은 전 지구다. 정치적 위기, 생태학적 위기, 인구통계학적 위기를 헤쳐 나갈 서사가 없는 지금, 전 지구는 그다음의 사건으로 안전하게 도약할 수 없다.

《지구적 발전의 길고도 느린 죽음》은 다른 궤적을 발명해야 하는 전 지구의 책임, 그리고 새로운 서사를 상상하고 이뤄 나가야 하는 시민들의 책임을 말한다. 그리고 이 책임은 문제를 정확하게 인식하는 것으로부터, 일방향적이고 단세포적인 낙관론에서 벗어나는 것에서 출발한다. 지금의 전 세계는 꺼져 가는 엔진 앞에서 몇 가지 단어와 사건만 되뇌인다. 알타시아와 IT의 인도, 기회의 땅 아프리카가 그들이다. 그러나 지구의 미래를 책임지기에 몇 가지 단어, 파편화된 사건들은 무력하다. 종말한 서사는 다른 모습의 하야틴으로, 탕핑족으로, 청년으로 구성된 거대 갱단의 확산으로 되돌아올 것이다.

성장 없는 국가들의 초상은 글로벌 전체의 리스크다. 이 리스크에서 벗어나기 위해 우리에게 필요한 건 비현실적인 영감에 사로잡힌 신화가 아닌, 구체적이고 실증적인, 그러나 상상력으로 가득 찬 서사다.

김혜림 에디터